Peter Graf

Was nicht mehr im Duden steht
Eine Sprach- und Kulturgeschichte

Dudenverlag
Berlin

© Duden 2018   D C B A

Bibliographisches Institut GmbH

Mecklenburgische Straße 53

14197 Berlin

Redaktion Dr. Kathrin Kunkel-Razum

Einleitung und Recherche gestrichener Wörter

Melanie Kunkel unter Mitarbeit von Marcel Fabisch, Svenja Haag, Katrin Lang,

Kim-Duyen Le, Eva Neu, Mojenn Schubert und Jianan Shao

Herstellung Uwe Pahnke

Layout und Satz 2xGoldstein (2xGoldstein, Erik Schöfer)

Umschlaggestaltung ZeroMedia, München

Druck und Bindung Kösel GmbH & Co. KG, Am Buchweg 1, 87452 Altusried-Krugzell

Printed in Germany

ISBN 978-3-411-70384-5

Auch als E-Book erhältlich unter: ISBN 978-3-411-91284-1

www.duden.de

Inhalt

Einleitung

Wie kommt ein Wort in den Duden? So lautet eine der uns am häufigsten gestellten Fragen, und täglich erreichen die Dudenredaktion Vorschläge für Neuaufnahmen. Das zeigt: Sprache lebt und entwickelt sich weiter - in keinem Bereich ist dies deutlicher zu spüren als im Wortschatz. Neue Wörter sind immer wieder Gesprächsthema, ob sie nun gesellschaftliche Entwicklungen, den Sprachgebrauch in den Medien, Fortschritte in Technik, Medizin und Naturwissenschaften oder Einflüsse aus anderen Sprachen spiegeln. In der Folge erfahren auch Neuaufnahmen in den Duden ein breites Presseecho.

Umgekehrt wurden und werden natürlich Wörter aus dem Duden gestrichen. Es sind diese Wörter, mit denen sich das vorliegende Buch beschäftigt. Wichtig zu wissen: Wenn hier von aus *dem Duden* gestrichenen Wörtern die Rede ist, dann ist immer der Rechtschreibduden gemeint. Denn er ist es, den die meisten Menschen mit der Marke Duden verbinden und der auf die längste Tradition zurückblicken kann.

Für die Suche nach Neuaufnahmen ist unser wichtigstes Arbeitsinstrument heute das »Dudenkorpus«, eine elektronische Sammlung von mittlerweile über 4,5 Milliarden Wortformen aus Zeitungs- und Zeitschriftenartikeln, aber auch Romanen und sogenannten »Gebrauchstexten« wie z. B. Bastelanleitungen. Computerlinguisten überprüfen in regelmäßigen Abständen, welche Wörter dort mit einer bestimmten Häufigkeit, über einen längeren

Zeitraum hinweg und in verschiedenen Textsorten (z. B. Zeitschriftenartikel, Romane, Fachtexte) vorkommen. Die Entscheidung, welche Wörter in eine Neuauflage aufgenommen werden, trifft die Redaktion dann nach gemeinsamer Diskussion. Auch wenn das »Dudenkorpus« die Möglichkeiten unserer Wörterbucharbeit revolutioniert hat, war schon vor dem digitalen Zeitalter der Gebrauch eines Wortes entscheidend für seine Aufnahme: In einer Sprachkartei – auf Papierzetteln also – sammelte die Dudenredaktion schriftliche Belege aus verschiedenen Textsorten und wertete sie in ihrer lexikografischen Arbeit aus.

Während sich die Verbreitung neuer Wörter also direkt »beobachten« lässt, gilt dies für typische »Streichkandidaten« gerade nicht. Wörter fallen beispielsweise aus dem Duden, wenn sie außer Gebrauch geraten, weil sie durch andere Wörter verdrängt werden, z. B. *Hundswut* für »Tollwut« (gestrichen aus der 20. Auflage von 1991, im Folgenden: 20/1991), *verschimpfieren* für »beschimpfen« oder *Cochonnerie* für »Schweinerei« (beide 25/2009). Bevor sie gestrichen werden, erhalten solche Wörter oft Markierungen wie »veraltend« bzw. »veraltet«. Mit dem Hinweis »veraltet« finden Sie einen guten Teil von ihnen übrigens noch heute in unserem (umfangreicheren) Online-Wörterbuch.

In anderen Fällen werden Wörter gestrichen, wenn es die von ihnen bezeichneten Sachen oder Sachverhalte so nicht mehr gibt. Das gilt beispielsweise für den *Runabout* (11/1934), eines der ersten Elektroautos, oder das *Deutsche Reichs-Gebrauchsmuster* (14/1954 West, 14/1951 Ost). Wenn solche Wörter beibehalten werden – wie *Interzonenverkehr, Fünfzigpfennigstück, Jugoslawien* oder *Morgengabe* – kennzeichnen wir sie mit der Angabe »früher«.

Andere Streichungen muten heute eher willkürlich an. Redaktionsprotokolle, die uns über die Beweggründe Auskunft geben könnten, sind leider nicht überliefert. Zuweilen dürften Nachträge oder Korrekturen »in letzter Minute« – wenn das Layout der Seiten schon steht – zu Streichungen geführt haben: Denn wenn solche

Korrekturen Zeilen kosten, muss an anderer Stelle Platz gewonnen werden. Diese Streichungen sind dann nicht inhaltlich motiviert und werden ggf. in einer kommenden Auflage wieder zurückgenommen.

Weit seltener als Vorschläge für Neuaufnahmen erreichen die Dudenredaktion Zuschriften, in denen die Streichung eines Wortes angeregt wird. Gelegentlich wird in diesem Zusammenhang vor Sprachverfall gewarnt und gefordert, weniger *Anglizismen* aufzunehmen bzw. vorhandene zu streichen. Solche Forderungen sind so alt wie der Duden selbst und Analysen zur Haltung der Dudenredaktion(en) in dieser Frage finden sich beispielsweise bei Wolfgang Werner Sauer und bei Ulrich Busse. In anderen Fällen wird gefordert, (als solche im Duden gekennzeichnete) derbe, abwertende oder gar diskriminierende Ausdrücke zu streichen. Wichtig ist in diesem Zusammenhang: Der Duden bildet den Wortschatz der deutschen Gegenwartssprache ab. Den häufigen Gebrauch eines Wortes dokumentiert die Dudenredaktion, ohne ihm damit aber einen »Ritterschlag« zu verleihen; eine Empfehlung zu seiner Benutzung stellt die Aufnahme in den Duden keinesfalls dar. Unsere Einschätzung dazu, ob und in welchem Kontext es angemessen ist, bringen wir in vielen Fällen über Hinweise zum Gebrauch zum Ausdruck.

Wie viele Wörter werden aus jeder Auflage gestrichen? Das lässt sich so pauschal kaum sagen. Einen großen Einfluss hat die Frage, ob die jeweilige Auflage an Umfang zunehmen darf. Wenn nicht, muss für die Aufnahme neuer Wörter eine ähnliche Zahl von Wörtern gestrichen werden. Hat man die bislang 27 Auflagen im Blick, wird aber schnell deutlich: Den Neuaufnahmen stehen in Summe weit weniger Streichungen gegenüber. So enthielt der »Urduden« von 1880 gerade mal rund 27 000 Einträge. Bis heute ist die Zahl der Stichwörter auf das rund 5,4-Fache angestiegen: auf 145 000 in der aktuellen, 27. Auflage. Naturgemäß wurden aus den ersten Auflagen nur sehr wenige Wörter gestrichen, denn sie waren ja gerade erst zusammengestellt worden.

Auch heute ist die Arbeit der Dudenredaktion prinzipiell von einer »bewahrenden Grundhaltung« geprägt. Je nach Wörterbuch legen wir allerdings unterschiedliche Kriterien für Streichungen an: Ein Rechtschreibwörterbuch ist ein Wörterbuch, das seinen Hauptnutzen beim *aktiven* Sprachgebrauch verspricht, beim Verfassen von Texten also. Wörter, die außer Gebrauch geraten sind, wird der Nutzer daher vermutlich selten nachschlagen. Ganz anders bei Wörterbüchern, die ausführliche Bedeutungsangaben zeigen, allen voran unser »Universalwörterbuch« und Duden online: Bedeutungswörterbücher werden typischerweise auch zum besseren Verständnis eines Textes herangezogen, und die Bedeutung eines weniger gebrauchten Wortes zu erfahren, ist hier ein ganz typischer Verwendungszweck. In einem *Online*-Wörterbuch schließlich fällt auch das Argument der Platzbeschränkung fort.

Aber zurück zum Rechtschreibduden und zu einem kurzen Abriss seiner Geschichte:

Die 1. Auflage des Dudens erschien im Jahr 1880 unter dem Titel »Vollständiges Orthographisches Wörterbuch der deutschen Sprache« beim Verlag Bibliographisches Institut in Leipzig. Der Hersfelder Gymnasialdirektor Dr. Konrad Duden verhalf mit diesem Rechtschreibwörterbuch der preußischen Schulorthografie von 1876 zum sprachraumweiten Durchbruch. Damit legte er die Grundlagen der deutschen Einheitsorthografie. Mit der 7. Auflage von 1902 wurden die Ergebnisse der II. Orthographischen Konferenz (Berlin 1901) im Wörterbuch umgesetzt, um die erstmals für den gesamten deutschen Sprachraum amtlich geregelte Rechtschreibung zu verbreiten. Der Verlag stellte Konrad Duden hierzu Mitarbeiter an die Seite: die Dudenredaktion.

Bis zu Konrad Dudens Tod 1911 erschienen insgesamt 8 Auflagen, ab der 9. Auflage (1915) zeichneten andere Herausgeber verantwortlich. Einher ging dieser Wechsel mit einer Neukonzeption: Die Zahl der Stichwörter wurde deutlich erhöht, indem beispielsweise viel systematischer als vorher Ableitungen zu Wörtern gezeigt wurden, z.B. auf *-heit, -ung* und *-lein*, sowie substantivische Zusammensetzungen.

Die 11. Auflage von 1934 und die 12. Auflage von 1941 enthielten zahlreiche vom Nationalsozialismus geprägte Stichwörter und Bedeutungsangaben. In der 13. Auflage wurde der Duden davon bereinigt – betroffen davon waren nach Hochrechnungen Wolfgang Werner Sauers rund 5 % aller Stichwörter. Diese erste Nachkriegsauflage erschien 1947 in Leipzig; ein Lizenznehmer vertrieb sie dann in den drei westlichen Besatzungszonen bzw. der Bundesrepublik.

Mit der 14. Auflage begann die Teilung in einen West- und einen Ost-Duden. Diese Parallelausgaben des Dudens trugen daher die gleichen Auflagenzahlen: In Westdeutschland (am Verlagssitz Mannheim) waren es insgesamt sechs, in Ostdeutschland (am bisherigen Verlagssitz Leipzig) fünf Auflagen. Während es in rechtschreiblichen Fragen so gut wie keine Unterschiede gab, wichen die Auflagen im verzeichneten Wortschatz durchaus voneinander ab. Und dies auch quantitativ: Gegenüber der letzten gemeinsamen Auflage war die Stichwortanzahl in der 14. Auflage des DDR-Dudens fast halbiert, um danach wieder an den letzten Stand anzuschließen. Während die DDR-Duden in ihrer Stichwortanzahl ab dann recht konstant blieben, nahm die BRD-Ausgabe stark an Umfang zu – eine Entscheidung, die vor allem mit der stärkeren Konkurrenz auf dem westdeutschen Markt zu tun hatte.

Der »Einheitsduden«, die 20. Auflage von 1991, beendete die Zeit der Parallelausgaben. Die 21. Auflage zog insbesondere durch die Umsetzung der Rechtschreibreform Aufmerksamkeit auf sich, die 24. Auflage durch die Einführung der Duden-Empfehlungen bei Schreibvarianten. Die Stichwortanzahl nahm bis zur 27. Auflage weiter erheblich zu.

So weit in aller Kürze – einen Überblick über die verschiedenen Auflagen finden Sie im Anschluss an diese Einleitung.

Der Lauf der Geschichte, von 1880 bis heute, hat deutliche Spuren im Duden hinterlassen, auch bei den gestrichenen Wörtern. Man denke nur an so unterschiedliche historische Einschnitte wie das Ende des Kaiserreichs, das Ende des Nationalsozialismus oder das Ende der deutschen Teilung. Wie allerdings oben schon angedeutet: Das Ende einer historischen Epoche führt nicht zwangsläufig dazu, dass alle mit ihr verbundenen Wörter gestrichen würden. Das Dilemma der Auswahl beschrieb der damalige Herausgeber Theodor Matthias im Vorwort zur 10. Auflage von 1929 - ein Jahrzehnt nach dem Ende des Kaiserreichs und dem Beginn der Weimarer Republik - wie folgt:

> [D]ie Ausdrucksformen, in denen sich staatliches deutsches Leben unter der monarchischen Verfassung sprachlich dargestellt hat, [konnten] nicht schlechthin ausgemerzt werden; braucht sie doch ebenso die einfachste geschichtliche Darstellung wie die gegen die alten Verhältnisse eingestellte Satire.

In einer wiederum ganz anderen Situation befand sich die Dudenredaktion mit dem Ende der DDR und dem ersten Einheitsduden nach der langen Teilung in einen Ost- und einen Westduden. Hier formulierten die Herausgeber der 20. Auflage von 1991 in ihrem Vorwort:

> Es wurden aber nicht nur Neuwörter erfaßt, sondern auch Wörter bewahrt, die in der DDR gebräuchlich waren und die für das Verständnis der jüngeren Vergangenheit von Bedeutung sind.

Unsere Essays geben auch kurze Einblicke in Fragen dieser Art. Für vertiefte Betrachtungen empfehlen wir Ihnen die Literaturhinweise, die wir am Ende dieses Buches zusammengestellt haben.

Wer bei der Durchsicht gestrichener Wörter eine Vielzahl von Eigennamen erwartet, anhand deren sich die Geschichte nachzeichnen lässt, wird übrigens enttäuscht. Der Duden ist kein Lexikon; eine systematische Aufnahme von bedeutsamen Persönlichkeiten, Institutionen, Orten oder Ereignissen ist nicht beabsichtigt. Bezeichnend ist eine Entscheidung, die die Leipziger Dudenredaktion im Vorwort ihrer 17. Auflage (1976) mitteilt:

> *Gestrichen sind die bisher im Wörterverzeichnis enthaltenen Namen von Persönlichkeiten, weil es im Rahmen dieses Werkes nicht möglich ist, eine auch nur annähernd angemessene Auswahl zu bedenken; für solche Namen empfiehlt sich das Nachschlagen in einem Lexikon. Rechtschreiblich schwierige und gebräuchliche Ableitungen von diesen Namen sind im Wörterverzeichnis verblieben, ebenso die mythologischen Namen und die historischen Geschlechternamen.*

Einige Eigennamen enthält der Duden aber auch heute noch, und vereinzelt wird in diesem Band aber auch von gestrichenen Eigennamen die Rede sein, beispielsweise von Ortsnamen nach dem Ende der deutschen Kolonialgeschichte.

Wie sind wir bei der Konzeption dieses Buches vorgegangen? Es liegt auf der Hand: Von vollständigen Listen neu aufgenommener und gestrichener Wörter von 1880 bis heute können wir nur träumen. Aus der Durchsicht wissenschaftlicher Fachliteratur - so beispielsweise der Dissertationen von Ulrich Busse und Werner Schöneck - haben wir einen ersten Grundstock an gestrichenen Wörtern gewonnen. In monatelanger Arbeit haben studentische Hilfskräfte uns anschließend dabei unterstützt, die so begonnenen Listen zu erweitern und die Wörter in thematischen Einheiten zu gruppieren.

Wichtig war dabei, zu präzisieren, was genau wir unter »gestrichenen Wörtern« verstehen: nämlich solche Stichwörter, die gänzlich gestrichen wurden. Wir berücksichtigen also beispielsweise nicht solche Fälle, in denen eine (in der Form oder der Rechtschreibung) leicht veränderte Variante an die Stelle einer anderen trat. So wurde *Nachmittagstunde* in der 10. Auflage (1929) durch *Nachmittagsstunde* - mit Fugen-*s* - ersetzt und blieb in dieser Form bis heute im Duden. Nach der Rechtschreibreform wurde in der 21. Auflage von 1996 das *ß* in Wörtern wie *Kuß* bekanntlich durch *ss (Kuss)* ersetzt. Auch wenn eine Variante von mehreren wegfiel, beispielsweise die Rechtschreibvariante *Ketschup* in der 27. Auflage (2017), ist dies für den vorliegenden Band nicht von Interesse.

Anders dagegen bei sogenannten »Homonymen«, Wörtern, die trotz identischer Schreibung als separate Einträge im Wörterverzeichnis vorhanden sind: Ihre jeweiligen Bedeutungen sind zu verschieden, um sie als Bedeutungen ein und desselben Wortes darzustellen, teils ist auch ihre Herkunft unterschiedlich. (Variiert zudem die Aussprache, spricht man übrigens von »Homografen«.) Ein Beispiel für ein gestrichenes Wort, zu dem ein Homonym im Duden verblieben ist, ist *Napoleon*, bis zur 13. Auflage zum einen als »Kaiser der Franzosen« und zum anderen als »Münze« verzeichnet, danach im West-Duden nur noch der erste Eintrag. Das Wort *twisten* fiel in der Bedeutung »Garn spulen« aus der 11. Auflage von 1934 heraus, während *twisten* im Sinne von »Twist tanzen« Neuaufnahme in der 16. Auflage (West) von 1967 war.

Berücksichtigt haben wir auch Fälle, in denen ein Wort aus einer anderen Sprache aus dem Duden herausfiel, während seine deutsche Entsprechung bis heute als eigener Eintrag geblieben ist. So im Falle von *Table-tennis*, das in der 10. Auflage (1929) gestrichen wurde, während gleichzeitig *Tischtennis* Eingang fand. Oder *Bluestocking*, gleichfalls gestrichen aus der 10. Auflage (1929), während *Blaustrumpf* (veraltend scherzhaft für »intellektuelle Frau«) bis heute im Duden steht.

Nicht berücksichtigt werden dagegen Streichungen oder Änderungen in erklärenden Zusätzen oder Verwendungsbeispielen.

Vielleicht werden Sie sich wundern, dass unsere Wörterlisten vor allem Substantive enthalten. Natürlich werden und wurden auch Wörter anderer Wortarten gestrichen, aber sie sind im Ganzen im Duden weniger stark repräsentiert. (In der 27. Auflage sind es beispielsweise 74,5 % Substantive, 13,6 % Adjektive und 10 % Verben.)

Alle gestrichenen Wörter zeigen wir Ihnen in exakt der Schreibweise, in der sie zuletzt im Duden verzeichnet waren. Auch bei allen Zitaten in diesem Buch behalten wir die originale Schreibung bei – bei älteren Zitaten beispielsweise *betheiligt* oder *Genuß*, insbesondere bei Zitaten aus dem Internet auch fehlerhafte Schreibungen.

Genug der Vorrede.

Uns schienen es viele der gestrichenen Wörter wert, Geschichten über sie und ihre kulturhistorische Verortung aufzuschreiben. Wir haben den Lektor und Verleger Peter Graf gebeten, diese Geschichten zu erzählen. In den über 20 Jahren seiner Berufstätigkeit hat er unzählige Publikationen, so Kunst- und Fotobücher, Sachbücher und Belletristik betreut und verlegt, und viele von ihnen sind Bestseller geworden oder haben Preise erhalten. Besonders neugierig auf seine Art, sich unserem Thema zu nähern, sind wir aber geworden, nachdem er den Band »Ungemein eigensinnige Auswahl unbekannter Wortschönheiten aus dem Grimmschen Wörterbuch« vorgelegt hat.

Mit zwanzig Essays nimmt er Sie nun mit auf eine Entdeckungsreise in die Welt der gestrichenen Wörter. Einige Themenbereiche lagen von Anfang an auf der Hand: zu Mode, Sport, Technik, Wirtschaft oder dem Einheitsduden etwa. Auf andere ist der Autor beim Stöbern gestoßen: zu besonders schönen Wörtern, zu Bezeichnungen für »schräge Typen«, zu kuriosen Verkleinerungsformen oder Schimpfwörtern. Auch den Wörtern mit wechselvoller

Geschichte – die nach einer Unterbrechung bis heute im Duden stehen – ist ein eigener Essay gewidmet, der letzte in der Reihe.

In Anhängen zu den Essays haben wir für Sie weitere, thematisch verwandte Wörter zusammengestellt und ihre Bedeutung erklärt, wo wir dies für nötig hielten. Teils lehnen sich diese Erklärungen an solche an, die im Duden vor ihrer Streichung vorhanden waren. Die meisten aber haben wir selbst hinzugefügt. Die Jahreszahl kennzeichnet immer die *endgültige* Streichung aus dem Duden; einige Wörter waren auch zuvor bereits zeitweise gestrichen worden. Die Auflagen aus der Zeit der Teilung werden durchgängig mit »West« (w) und »Ost« (o) gekennzeichnet. Erinnert sei an die massiven Streichungen in der 14. Auflage des Ost-Dudens; sehr viele Wörter erscheinen erst in der 15. Auflage wieder. Wenn ein Wort in der jeweils anderen Ausgabe *immer* bzw. *nie verzeichnet* war, so ist dies mit »immer v.« bzw. »nie v.« angegeben. Ein Stern(*) nach »immer v.°« deutet an, dass dies mit Ausnahme der 14. Auflage gilt.

In dem 2010 an der Oper »La Fenice« in Venedig uraufgeführten *ludodramma* »Il killer di parole« (»Der Wörtermörder«) ist der Protagonist ein mit der Streichung von Wörtern beauftragter Wörterbuchredakteur. Für den deutschen Sprachraum ist uns ein derartiges Stück nicht bekannt, Stoff gäbe es allemal genug.

In diesem Sinne wünschen wir Ihnen viel Vergnügen bei der Lektüre!

Die Dudenredaktion

Dudenauflagen im Überblick

Die folgende Übersicht zeigt die bisherigen Dudenauflagen und die Jahreszahl ihres Erstdrucks:

1. Auflage			1880
2. Auflage[1]			1882
3. Auflage			1887
4. Auflage			1893
5. Auflage			1897
6. Auflage			1900
7. Auflage			1902
8. Auflage			1905
9. Auflage			1915
10. Auflage			1929
11. Auflage			1934
12. Auflage			1941
13. Auflage			1947
14. Auflage	BRD		1954
	DDR		1951
15. Auflage	BRD		1961
	DDR		1957
16. Auflage	BRD		1967
	DDR		1967
17. Auflage	BRD		1973
	DDR		1976
18. Auflage	BRD		1980
	DDR		1985
19. Auflage	BRD		1986
20. Auflage			1991
21. Auflage			1996
22. Auflage			2000
23. Auflage			2004
24. Auflage			2006
25. Auflage			2009
26. Auflage			2013
27. Auflage			2017

1 Ein Belegexemplar der 2. Auflage hat sich bis heute nicht gefunden. Man hält es für möglich, dass im Nachhinein ein Nachdruck der ersten Auflage als zweite gezählt wurde.

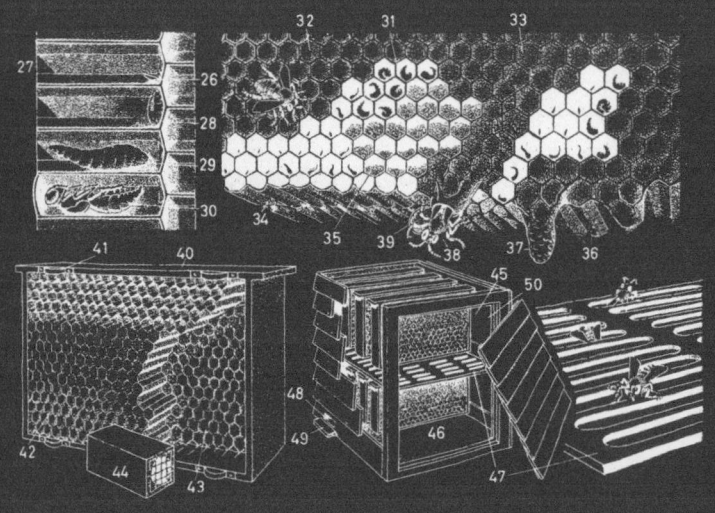

Einfach schön?

Die schönsten gestrichenen Wörter

Im Reich von Kaiser Karl V. ging die Sonne bekanntlich nie unter, denn zu den seiner Krone unterstellten Gebieten gehörten nicht nur große Teile Europas, sondern auch überseeische Besitzungen in Amerika, Asien und Afrika. Und so war Karl V. durch Gottes Gnaden erwählter »Römischer Kaiser, zu allen Zeiten Mehrer des Reichs, in Germanien, zu Spanien, beider Sizilien, Jerusalem, Ungarn, Dalmatien, Kroatien, der Balearen, der kanarischen und indianischen Inseln sowie des Festlands jenseits des Ozeans König«, aber auch »Erzherzog von Österreich, Herzog von Burgund, Brabant, Steyr, Kärnten, Krain, Luxemburg, Limburg, Athen und Patras, Graf von Habsburg, Flandern, Tirol, Pfalzgraf von Burgund, Hennegau, Pfirt, Roussillon, Landgraf im Elsass, Fürst in Schwaben, Herr in Asien und Afrika« und Oberhaupt einer Handvoll weiterer Landstriche.

Ich habe keine gesicherten Angaben über die Anzahl der in seinem Riesenreich gesprochenen Sprachen und Dialekte gefunden. Sicher waren es Hunderte, vielleicht sogar Tausende. Er selbst sprach Italienisch, Spanisch, Englisch, Flammändisch (heute Flämisch), Französisch und Deutsch. Und er wies diesen Sprachen unterschiedlichen Nutzen zu. Von ihm ist das Bonmot überliefert: *»Ich spreche Spanisch zu Gott, Italienisch zu den Frauen, Französisch zu den Männern und Deutsch zu meinem Pferd.«*

Nun sind Pferde, wie wir noch sehen werden, die besseren Menschen, aber es ist offensichtlich, dass der deutschen Sprache bereits damals, wir schreiben in etwa das Jahr 1535, eine gewisse Schwerfälligkeit unterstellt wird. Und tatsächlich ist ihr Klang ob der vielen verwendeten Konsonanten bis heute eher hart. Und eine weitere Besonderheit des Deutschen, die diesen Eindruck insbesondere für fremde Ohren noch unterstreicht, sind die sogenannten Knacklaute, die bei der Aussprache von Wörtern entstehen, die im Anlaut einen Vokal aufweisen. Aber fehlt der deutschen Sprache - wie Karl V. es uns nahezulegen versucht - nicht nur jeder Wohlklang, sondern ist sie zudem auch gefühlskalt und deshalb dem Übersinnlichen abhold, und erst recht für die Liebe ungeeignet? Nun ja, auch dazu kommen wir noch, immerhin hielt er sie für präzise, man kann mit ihr Befehle bellen, und Landsknechte wie Ingenieure schätzen sie gleichermaßen. Aber, und das ist tröstlich, sie erfuhr und erfährt auch von Menschen anderer Muttersprachen Zuspruch. Für Jonathan Swift hatte ihr Klang offenbar etwas Wahrhaftiges: Als Gulliver, der Held von Swifts satirischem Roman »Gullivers Reisen«, im Land der Houyhnhnms den Pferden begegnet, registriert er überrascht, dass die Tiere die Sprache nicht zum Lügen gebrauchen, sondern ausschließlich dafür, sich zu verstehen und gegenseitig zu belehren: »*Von allen europäischen Sprachen, die ich kenne, nähert sich die ihre am meisten dem Deutschen an; doch ist sie anmutiger und bezeichnender.*« Und andere gingen sogar noch weiter. Allen voran der argentinische Schriftsteller Jorge Luis Borges, von dem in so überaus schmeichelhaften Worten geschrieben ein »Lob der deutschen Sprache« überliefert ist.

Das Verhältnis zur eigenen Sprache, insbesondere zur deutschen, ist für uns, die nach den Schrecken der beiden Weltkriege und der Schreckensherrschaft der Nationalsozialisten geboren wurden, mitunter kompliziert, und man freut sich auch deshalb über Zuspruch von außen wie über ein Kompliment, das an einen selbst gerichtet ist. Zu Zeiten der Weimarer Klassik war man da weitaus selbstbewusster. Ludwig Börne, Sohn orthodoxer Juden aus Frankfurt am Main und einer der schillerndsten Publizisten seiner Zeit, fragte suggestiv: »*Welche Sprache darf sich mit der deutschen messen, welche andere ist so reich und mächtig, so mutig und anmutig, so schön und mild als unsere?*«

Also was nun? Mag sich ein jeder aus der Flut der mannigfachen und subjektiven Geschmacksempfindungen sein Becherchen Wahrheit schöpfen. Oder sich anhand von einigen der in den zurückliegenden fast 140 Jahren aus den 27 Auflagen des Dudens gestrichenen Wörtern selbst ein Bild machen. Auch dies ist allerdings eine sehr reduzierte und subjektive Blütenlese. Von allen aus dem Duden gefallenen Wörtern gefallen mir diese am besten:

einpaschen   Dampfbeiboot   naszieren   Nobelgarde
Afterweisheit   beleibzüchtigen   Flugmaschine   nonen
verballasten Nachmittagsruhe Nachmittagssonne kuranzen
Nachhausekunft   boisieren   dankbarlich   Nachgenuß
Nirgendland   rauschelig   schabernackisch   zerknallbar
zersorgen   vermannigfachen   e-Moll-Arie   Hutgerechtigkeit
nachdenksam   Nachschimmer   Empfindelei   beauflagen
fuchsschwänzeln neunmalweise Honigseim verschimpfieren

Eine Auswahl
gestrichener Wörter

Auflage/Jahr	Wort	Auflage/Jahr	Auflage/Jahr	Wort
9/1915	einpaschen *einschmuggeln*	14/1954[w]	18/1985°	kuranzen *mundartlich für: bedrängen, schikanieren*
10/1929	Dampfbeiboot			
10/1929	naszieren *geboren werden*	14/1954[w]	14/1951°	Nachhause-kunft *Heimkunft*
10/1929	Nobelgarde *aus Adligen gebildete päpstliche Ehrenwache*	15/1961[w]	16/1967°	boisieren *täfeln, mit Holz bekleiden*
		15/1961[w]	18/1985°	dankbarlich
11/1934	Afterweisheit *Schein-, Pseudoweisheit*	15/1961[w]	14/1951°	Nachgenuß *das Gefühl nach dem Genuss*
11/1934	beleibzüchtigen *mit einer Leibzucht, -rente versorgen*	15/1961[w]		immer v.°* Nirgend-land *für: Utopien*
11/1934	Flugmaschine *Luftfahrzeug*	15/1961[w]	18/1985°	rauschelig *rauschend*
11/1934	nonen *Mittagsruhe halten*	15/1961[w]	16/1967°	schabernackisch
11/1934	verballasten *ein Schiff mit Ballast versehen*	15/1961[w]	18/1985°	zerknallbar
		15/1961[w]	18/1985°	zersorgen *sich mit Sorgen quälen*
12/1941	Nachmittagsruhe	16/1967[w]	18/1985°	vermannigfachen
12/1941	Nachmittagssonne			

17/1973[W]	14/1951[O]	e-Moll-Arie
18/1980[W]	18/1985[O]	Hutgerechtigkeit *Recht, sein Vieh an einer bestimmten Stelle hüten zu lassen*
18/1980[W]	14/1951[O]	nachdenksam
18/1980[W]	14/1951[O]	Nachschimmer *bleibender Schimmer*
19/1986[W]	18/1985[O]	Empfindelei *Rührseligkeit, Sentimentalität*
20/1991		beauflagen *DDR: einer Person, einem Betrieb u. Ä. eine Pflichtleistung auferlegen*
20/1991		fuchsschwänzeln *schmeicheln; jemandem nach dem Mund reden*
20/1991		neunmalweise *neunmalklug*
22/2000		Honigseim *ungeläuterter Honig, wie er aus den Waben abfließt*
25/2009		verschimpfieren *beschimpfen, verunglimpfen*

Kleider machen Wörter
Überschwupper
Mode und Textilien

»Es gehört«, so steht es im 1982 erschienenen »Handbuch der Phraseologie«, *»auch zu den sprachlichen Charakteristika des Bürgertums, daß es salopp-umgangssprachliche Phraseologismen meidet oder nur mit entschuldigender Relativierung verwendet.«* Als Beispiel dient den Autoren des Handbuchs die Wendung *alles Jacke wie Hose* oder, genauer gesagt, ein Fontane-Zitat. Es stammt aus seinem Roman »L'Adultera«. Die *Hose* am Ende der von Fontane in den Satz eingebauten Wendung *alles Jacke wie Hose* ist durch drei Auslassungspunkte ersetzt. Sie verweisen ironisch darauf, dass sich die Verwendung des Wortes damals in besseren Kreisen nicht schickte. Mitte des 19. Jahrhunderts hatte sich als Ersatz dafür der Ausdruck *die Unaussprechlichen* eingebürgert, abgeleitet von dem englischen *the inexpressibles*. Eingang in den Duden fanden die Inexpressibles in der 9. Auflage von 1915, gestrichen wurden sie in der 11. Auflage von 1934. »Meyers Großes Konversations-Lexikon« von 1907 erklärt dazu:

> *Inexpressibles (engl., die Unaussprechlichen), in England übliche Benennung der Beinkleider, nicht weil man in dem Begriff der Hosen an und für sich etwas Unanständiges findet, sondern weil das englische Wort dafür (breeches) in der Einzahl Steiß bedeutet.*

Die Prüderie der Engländer führte also zu einer Wortneubildung, die der anscheinend noch größeren Prüderie des Bürgertums in Deutschland half, das noch Unaussprechlichere zu maskieren. In Stefan Zweigs »Die Welt von Gestern« liest sich das so:

> *Vielleicht wird man heute noch verstehen, daß es in jener Zeit als Verbrechen gegolten, wenn eine Frau bei Sport oder Spiel eine Hose angelegt hätte. Aber wie die hysterische Prüderie begreiflich machen, daß eine Dame das Wort Hose damals überhaupt nicht über die Lippen bringen durfte? Sie mußte, wenn sie schon der Existenz eines so sinnengefährlichen Objekts wie einer Männerhose überhaupt Erwähnung tat, dafür das unschuldige Beinkleid oder die eigens erfundene ausweichende Bezeichnung - Die Unaussprechlichen - wählen.*

Welchen Aufschrei es auslöste, als die ersten Frauen nicht nur *Hose* sagten, sondern selber welche trugen, ist überliefert. Berühmtheit erlangten die Skandale, die etwa die Schriftstellerin George Sand auslöste, als sie in Paris in Hosen auf die Straße ging oder mehr noch auf Mallorca, wo sie mit ihren Kindern und mit ihrem Freund Frédéric Chopin den Winter 1838/39 verbrachte. Am 9. Mai 1951 berichtete das Nachrichtenmagazin »Der Spiegel«:

> *Katharine Hepburn, 41, Doktor der Psychologie und amerikanischer Filmstar, erschien auf einer Pressekonferenz in London in einem haferschleimfarbenen Hosenanzug und flachen braunen Schuhen. Sie sprach: »Ich habe es aufgegeben, Röcke zu tragen. Sie zeigen meine Deformierungen zu deutlich. Ich weiß, daß ich schlicht und dürr bin. Früher störten mich meine vielen Sommersprossen, aber jetzt sind sie mir gleichgültig. Ich kümmere mich auch nicht mehr um Schönheitspflege und Maniküre. Nur die*

wirklich schlichten Frauen kennen die Liebe. Die schönen
Frauen verschwenden ihre Zeit, faszinierend zu sein.«

Hepburns Understatement ist geradezu kokett. Sie war in ihrer
Zeit ebenso stilprägend wie die andere Modeikone gleichen Nach-
namens: Audrey Hepburn. Spätestens mit dem Film »Frühstück
bei Tiffany« wurden diese und das »Kleine Schwarze« unsterblich.
Und natürlich hatte auch sie eine Leidenschaft für Schuhe, ins-
besondere für bunte *Ballerinas* aus Kidleder (11/1934), die sie sich
von Salvatore Ferragamo schustern ließ. Dieser verzauberte von
Florenz aus auch Filmdiven wie Marlene Dietrich, Sophia Loren,
Gina Lollobrigida, Rita Hayworth oder Marilyn Monroe mit seinen
Schuhkreationen.

Ikonografisch ist auch das Film-Still aus »Frühstück bei Tiffany«,
das Hepburn zeigt: die Hände und Unterarme in lange, schwarze
Handschuhe gehüllt und mit langer Zigarettenspitze, die sie lässig
in ihrer linken Hand hält, während die rechte ihr Kinn abstützt. Die
Hochsteckfrisur, die sie auf dem Bild trägt, wird *Beehive,* also *Bie-
nenkorb* genannt. Zwei Jahre später, 1963, schuf der Friseur Vidal
Sassoon mit dem *Bob* einen revolutionären Kurzhaarschnitt, dem
Audrey Hepburn ebenso zu Popularität verhalf, aber mehr noch
als sie vielleicht Twiggy, das Starmodel der 1960er-Jahre. Der *Bob*
stand in der Tradition der Kurzhaarschnitte der Zwanzigerjahre: des
Bubikopfs mit Sonderformen wie dem *Pagen-* und dem Etonschnitt
(12/1941). Der *Etonschnitt* ist eine sehr kurz geschnittene Form des
Bubikopfs, der damals gerne mit viel Pomade getragen wurde.

Am 19. April 1925 notiert Harry Graf Kessler in sein Tagebuch:

Mittags bei Stresemann in seiner Villa. Frau Strese-
mann, die sich durch einen Bubikopf sehr verjüngt hat,
empfing mich. Nachher eine Stunde allein mit Strese-
mann gesprochen. Er war über die Kandidatur Hin-
denburgs unverhohlen und ehrlich verzweifelt; nahm

*seine düsterste Miene an, als ich das Gespräch darauf
brachte und die katastrophalen außenpolitischen Folgen einer Wahl Hindenburgs schilderte.*

Bei den vielen Berichten über die Goldenen Zwanzigerjahre in Berlin und den anderen Großstädten Deutschlands vergisst man leicht,
dass die junge Republik von allen Seiten bedroht und angefeindet
wurde. Vieles stieß vielen auf, auch der freizügige, oft dekadente
Lebensstil und die Mode.

Dezenter kleidete sich Stresemann selbst. Stresemann, Reichs-
kanzler, aber vor allem langjähriger Außenminister und 1926 mit
dem Friedensnobelpreis ausgezeichnet, trug im Dezember 1925
anlässlich der in London feierlich zelebrierten Unterzeichnung der
»Verträge von Locarno« einen aus einer schwarz-grau gestreiften
Hose, einem schwarzen Jackett und einer dunklen Weste bestehen-
den Anzug, den er mit einem weißen Hemd mit Umschlagman-
schetten komplettierte. Eigentlich war zu solchen Anlässen ein *Cut*
(oder *Cutaway*) vorgeschrieben, aber Stresemann ignorierte das
Protokoll und trug zum gestreiften Beinkleid statt eines Gehrocks
ein schwarzes Sakko. Eine Kombination, die viele Nachahmer fand,
auch später in der Bonner Republik.

Im Trend lag in den 1920er-Jahren auch die Sportmode. *Sweater,*
auf Deutsch als Schwitzer (16/1967 West, 15/1957 Ost) bezeichnete Pullover sowie Überziehjacken und -blusen aus Trikotstoff
kamen in Mode, ebenso die beim Tennissport gerne getragenen
weißen Pullover mit V-Ausschnitt, die auch beim Cricket beliebt
waren. Diese wurden im Deutschen »halb scherzhaft«, wie es im
Duden hieß, Überschwupper (12/1941) genannt. Joseph Roth, ein
Verächter der Sport- und Freizeitmode der Zwanzigerjahre, reimte
polemisch:

*Rechts Tennisplatz, links die Fabrik
Dazwischen gähnt ein tiefer Graben –*

> *es führt kein Weg vom Leid zum Glück –*
> *und Tod und Sport sind Schicksalsgaben:*
> *es hüpft ein Ball – durch Mauern dringt*
> *ein Radgestöhn, das sich verirrte –*
> *Ein Kronprinz tummelt sich beschwingt*
> *vom Sport weg in die Illustrierte …*
> *Hier ist Kultur! – Die Diele blinkt*
> *in amourösem Ampelscheine –*
> *Wer Geld hat, lebt! Wer Geld hat, trinkt!*
> *Wer kein's hat, hat die Wäscheleine! …*

Joachim Ringelnatz, der dem Sport ebenso komische Seiten ab-
gewinnen konnte wie den häufig wechselnden Moden, war da weniger sozialkritisch:

> *Für die Mode, nicht dagegen*
> *Sei der Mensch! – Denn sie erfreut,*
> *Wenn sie sich auch oft verwegen*
> *Vor dem größten Kitsch nicht scheut.*
> *Ob sie etwas kürzer, länger,*
> *Enger oder anders macht,*
> *Bin ich immer gern ihr Sänger,*
> *Weil sie keck ins Leben lacht.*
> *Durch das Weltall sei's gejodelt*
> *Allen Schneidern zum Gewinn:*
> *Mode lebt und Leben modelt,*
> *Und so haben beide Sinn.*

Ihm hätte deshalb, man darf es annehmen, auch ein anderes Klei-
dungsstück nicht die Zornesröte ins Gesicht getrieben: der Auto-
coat (aufgenommen in der 17. Auflage [West] von 1973 und gestrichen in der 26. Auflage von 2013), gebildet aus deutsch *Auto* und
englisch *coat*. Dabei handelt es sich um einen Mantel, der sich

aufgrund seiner Kürze besonders zum Autofahren eignet – aber natürlich auch darüber hinaus getragen wird. Sehr populär war er in den Sechzigerjahren.

Während die *Autocoats* der Sechziger auch aus leichten Materialien wie Nylon und Baumwolle gefertigt wurden, gestaltete sich die Kleiderfrage für Autofahrer zu Beginn des 20. Jahrhunderts noch ganz anders. In Autos, die weder eine Heizung noch ein Dach hatten, mussten Mäntel vor allem eines: ihre Besitzer wärmen. In Otto Julius Bierbaums wunderbarem Buch »Eine empfindsame Reise im Automobil« von 1903 hieß es zur Kleiderfrage:

> *Gewiß, unserer Expedition ist nicht so kriegerisch und überseeisch wie die des Weltmarschalls, aber ich habe immer bemerkt, daß, wenn einer Automobil fährt, beträchtliche Veränderungen in seiner Garderobe vor sich gehen. Er kleidet sich in Leder, wendet das Fell des Pelzes nach außen, setzt sich eine Maske und eine gigantische Mütze auf, – kurz, jedes Kleidungsstück ruft laut und vernehmlich: Töff! Töff! Auch Herr Hoffmann hatte mit mir weitgehende schneiderische Metamorphosen vor, aber er zeigte dabei zu sehr die Tendenz, mich gegen die Unbilden des sibirischen Wetters auszurüsten, als daß ich, der ich mehr nach Süden strebe, mich gänzlich hätte anschließen können. Zwar war es verlockend, die Haare einer glänzenden schwarzen Ziege oder junger Pferde nach außen zu tragen oder sich ganz in schwarzes Wichsleder zu hüllen, aber wir widerstanden dem Versucher. Wir beschränkten uns auf 1. ein Paar wasserdichte, aber sehr dünne Mäntel, die also gleichzeitig gegen Regen und Staub schützen sollen; 2. ein Sportkleid für meine Frau, kurzer Rockrand, Jacke, 3. einen Sportanzug für mich, Pumphosen und Joppe, 4. ein rohseidenes Kleid für meine Frau; 5. einen weißleinenen Anzug für mich; 6. zwei braunlederne Mützen; 7. ein Paar hohe Stiefel für meine Frau; 8. ein Paar hohe Stiefel für mich.*

Eine Auswahl gestrichener Wörter

Auflage / Jahr	Wort	Auflage / Jahr	Wort
10/1929	Mackintosh *imprägnierter Baumwollstoff, Regenmantel; benannt nach dem Chemiker Charles Macintosh*	18/1980[W] nie v.[O]	Ninoflex® *wasserdichtes, luftdurchlässiges Gewebe, besonders für Regenmäntel*
11/1934	Florida *Einlage- und Versteifungsstoff*	18/1980[W] 18/1985[O]	Nörz *Nebenform von Nerz*
11/1934	Frackjackett	18/1985[W] nie v.[O]	Gilover *schweiz. für: Trikotweste mit Ärmeln*
11/1934	Inexpressibles *»Unaussprechliche« für: Hosen*	18/1985[O] nie v.[W]	Droussette *Textilmaschine, die Fasermaterial weiter entwirrt und reinigt,* droussieren
11/1934	Kidleder[1] *Kalb-, Ziegen- oder Schafleder*	19/1986[W] 16/1967[O]	Ansteckärmel *an ein kurzärmliges Kleid zu befestigende Ärmel, typisch für mittelalterliche Tracht*
11/1934	Korduniform	19/1986[W] 16/1967[O]	Doeskin® *von engl. »doeskin«, eigentlich »Rehfell«: glatter Wollstoff*
12/1941	Etonschnitt *besondere Form des Bubikopfs*	22/2000	Leibrock *Gehrock*
12/1941	Überschwupper *halb scherzhafte Verdeutschung von Pullover*	24/2006	ganzgar *fertig gegerbt*
14/1954[W] 14/1951[O]	Nitratseide *eine Kunstseide*	26/2013	Autocoat *kurzer Mantel für Autofahrer*
16/1967[W] 15/1957[O]	Schwitzer *Verdeutschung von »Sweater«*		
18/1980[W] nie v.[O]	Nackenleder *Nackenschutz aus Leder, besonders an Helmen von Feuerwehrleuten*		

---

1 Der Eintrag *Kid* (»Kalb-, Ziegen-, Schafleder«) ist bis heute im Duden verzeichnet.

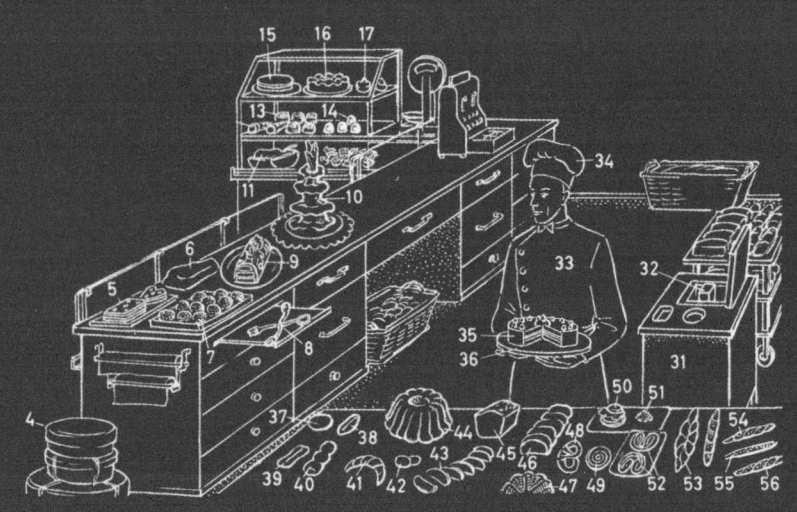

**Exportbier – Weckapparat –
Meringentorte – Nationalspeise –
Zugemüse – Nicotiana oder: Wie auch
in der Kulinarik alles aufs Wunderlichste
miteinander verbunden ist**

Kulinarisches und Genussmittel

»*Genuß*«, das wusste schon der Schriftsteller Jean Paul, »*ist eine sich selbst verzehrende Rakete.*« Groß ist das Glück im Augenblick, doch das Laster der Naschhaftigkeit fordert auch Tribut. In seinem Fall waren es vor allem die mit seinem Bierkonsum einhergehenden logistischen Herausforderungen, die zu meistern nicht immer ganz einfach gewesen ist.

Zahlreich sind deshalb die Bittbriefe, die er schrieb, um den stetigen Nachschub zu gewährleisten, und viele davon ähneln im Ton jenem 1802 an seinen Freund Emanuel Osmund versandten:

> *Solte das Bier schon unter Wegs sein - was Gott gebe -
> so bitt ich Sie herzlich, sogleich neues nachzusenden;
> weil der Transport vom Fas in mich viel schneller geht
> als von Bayreuth nach mir!*

Heute legt man die etwa 150 Kilometer zwischen Bayreuth und dem thüringischen Meiningen, wo Jean Paul seinerzeit lebte, mit dem Pkw in weniger als zwei Stunden zurück, damals brauchte das exportierte Fässchen etwas länger, doch wenn der Durst allzu sehr quälte, bat Jean Paul den »*lieben, alten*« Osmund auch mal, es statt mit der Post mit einem Nachtboten zu senden: Koste es, was es wolle.

Es könnte deshalb der Gedanke naheliegen, dass Jean Paul, dem die deutsche Sprache zahlreiche Wortschöpfungen verdankt (*Weltschmerz, Angsthase, Gänsefüßchen*), auch das Wort Exportbier (11/1934) erfunden hat oder sogar das Exportieren desselben von A nach B. Beides ist nicht der Fall, aber Exportbier, für dessen Herstellung strenge Regeln gelten (Stammwürze 12-14 % und ein Alkoholgehalt von etwa 5 %), erhielt seinen Namen deshalb, weil auf diese Weise gebraute Biere haltbarer waren als untergärige und beim Transport keinen Schaden nahmen, also tatsächlich besser exportiert werden konnten.

Neue Wörter entstehen auf vielerlei Arten. Bei der Benennung eines Gegenstandes kann die Wortneubildung einen Eigennamen in die Komposition mit einbeziehen oder ein Eigenname ist sogar so prägend, dass er zum Gattungsnamen mutiert. Das können Personennamen sein - *Röntgen-Strahlung, Diesel-Motor* oder *Duden* für Wörterbuch -, aber auch Firmen-, Produkt- oder Ortsnamen (*Tempo* für Taschentuch beispielsweise oder *Frankfurter* für Frankfurter Würstchen). Ein solches Deonym ist auch das Verb *einwecken*, das, analog zum Exportbier, die Haltbarmachung von Lebensmitteln beschreibt, präziser gesagt die Methode des »Einkochens«, also des Erhitzens und nachfolgenden hermetischen Abdichtens von Obst oder Gemüse in einem dazu geeigneten Gefäß. Während das Wort *einwecken* weiterhin im Duden steht, wurde der Weckapparat bereits 1967 aus der 16. Auflage des Ost-Dudens und 2013 endgültig aus der 26. Auflage gestrichen. Der *Weckapparat* ist ein eingetragenes Markenzeichen (aber Achtung: Bitte nicht verwechseln mit dem ebenfalls im Handel angebotenen Weckapparat »Piesel-Piepser«, der bei der Behandlung des nächtlichen Einnässens helfen soll!), und Namensgeber war der Vegetarier und Antialkoholiker Johann Carl Weck, der 1895 das Patent für die berühmten Gläser mit Dichtgummi und metallenem Verschlussmechanismus erwarb. Wobei anzumerken ist, dass das Einmachglas viel älter ist und auch schon in den Schriften Jean Pauls seinen Platz fand. So beschreibt er etwa in Kapitel 76 von »Hesperus oder 45 Hundsposttage« eine daumenlange Holztreppe, die es einem Laubfrosch erlaubt, aus seinem Einmachglas nach oben zu steigen.

Dass das *Einwecken* seit einigen Jahren wieder en vogue ist, beweisen etliche Magazin- und Zeitungsartikel. So berichtete die Tageszeitung »Die Welt« unter der Schlagzeile »Sehnsucht im Glas« beispielsweise über ein Berliner Restaurant, das für seine Gäste Selbst-Eingemachtes zubereitet. Der Artikel gipfelte in dem Bonmot: *»Die Berliner Boheme geht ans Eingemachte.«* Über so viel modischen Großstadteifer kann man in der traditionsbewussten Provinz nur müde lächeln. Zum Beispiel in dem im Berner Oberland gelegenen Meiringen, das für sich in Anspruch nimmt, die Wiege der *Meringues* zu sein. Dort soll um 1600, eine andere Quelle nennt das Jahr 1720, der italienische Zuckerbäcker Gasparini das luftige Eiweißgebäck erfunden haben. Andere Zungen behaupten hingegen, dass sie erstmals nebst Rezept in einem Kochbuch des französischen Kochs François Massialots »Le Cuisinier roïal et bourgeois« aus dem Jahre 1691 Erwähnung fanden. Aber ob Mailänder oder Wiener Schnitzel, unbestritten erfreuen sich die *Meringues* und mit ihnen die Meringentorte (10/1929)[1] in der Schweiz bis heute größter Beliebtheit. So sehr, dass sie sogar in den Stand einer Nationalspeise (19/1986 West)[2] erhoben werden könnten. Was vielleicht nur deshalb nicht geschieht, weil die regionale Vermarktung heutzutage zweckmäßiger ist als die nationale, die ja immer auch mit zahllosen Klischees und Fallstricken versehen ist. Denn gerade in unserer Zeit und in der westlichen Welt haben die tatsächlichen Koch- und Essgewohnheiten eines Landes nur noch wenig mit den vorherrschenden Stereotypen zu tun. Man isst international und entsinnt sich gleichzeitig regionaler Traditionen.

Ein Zeitgenosse von Jean Paul, der Schriftsteller, Kunsthistoriker und Gastrosoph Karl Friedrich von Rumohr, war da mutiger. In seinem 1822 erschienenen Werk »Geist der Kochkunst« stellte er die These auf, dass es eine enge Verbindung zwischen der Koch-

---

1   *Meringe, Meringel* und (schweizerisch) *Meringue* stehen bis heute im Duden.
2   Die *Nationalspeise* stand seit der 17. Auflage von 1973 im West-Duden; im Ost-Duden stand sie nie.

kunst eines Landes und der Geistesbildung und dem National-
charakter seiner Bewohner gäbe.

> *Von der ekelhaften Nahrung eines Eskimo oder Ko-*
> *räken, bis zu der schmackhaften und reinlichen Fru-*
> *galität eines gebildeten, aber noch lange nicht über-*
> *bildeten Volkes, gibt es unendlich viele Mittelstufen,*
> *welche, wenn man nur darauf Bedacht nehmen woll-*
> *te, jederzeit der gesamten sinnlich-sittlichen Bildung*
> *der Nationen Stück für Stück entsprechen. Stumpf-*
> *sinnige, für sich hinbrütende Völker lieben mit*
> *schwerverdaulicher, häufiger Nahrung gleich den*
> *Masttieren sich anzustopfen. Geistreiche, aufspru-*
> *delnde Nationen lieben Nahrungsmittel, welche die*
> *Geschmacksnerven reizen, ohne den Unterleib sehr*
> *zu beschweren. Tiefsinnige, nachdenkende Völker*
> *geben gleichgültigen Nahrungsmitteln den Vorzug,*
> *als welche weder durch einen hervorsprechenden Ge-*
> *schmack, noch durch eine schwerfällige Verdauung*
> *die Aufmerksamkeit zu sehr in Anspruch nehmen.*

Und Karl Friedrich von Rumohr beschwor in seinem Werk geradezu die Bedeutung der *Nationalspeise,* und zwar nicht aus na-
tionalistischen Beweggründen, sondern weil er glaubte, dass die
regionalen Produkte mit den regionalen Traditionen eine »*ergötzli-*
che« Verbindung eingehen und zu einer Küche führen, die weitaus
schmackhafter und gesünder ist als die den Moden unterworfene.
Besonders beklagte er in »Geist der Kochkunst« den Einfluss der
französischen Köche und den von Kochbuchautoren, die in seinen Augen vor allem der Verbindung des »*Lieblichen und Widrigen*
mit dem Bitteren und Zusammenziehenden« und der Begierde der
»*Schleckerei*« Tür und Tor öffneten. Kochbücher wie jenes eben
erwähnte von François Massialots haben in der Tat dazu beige-

tragen, die »*vergeudende Gefräßigkeit*« französischer Couleur in deutschen Landen salonfähig zu machen. Dessen »Le Cuisinier roïal et bourgeois« war das erste Kochbuch französischer Sprache, das ins Deutsche übertragen wurde.

Nun ist jedem selbst überlassen, ob und wie ernst er die hier auszugsweise zitierten Ausführungen des Gastrosophen von Rumohr nehmen möchte. Kulturgeschichtlich sind sie, so meine ich, äußerst interessant, wie überhaupt sein gesamtes Buch bedeutsam genannt werden darf, erschien es doch sogar drei Jahre vor Brillat-Savarins berühmter »Physiologie des Geschmacks«.

Denn im Kern ging es ihm um die Essenz von Genuss und Geschmack, die er, womöglich zu Recht, durch die »*Schleckerei*«, die »*eine unregelmäßige Begierde nach allerlei zufälligen Reizen des Gaumens*« darstelle, bedroht sah. Und in dem Hauptkapitel »Erziehung zum Kochen« resümierte er:

> *Wer nun der Kochkunst sich widmen soll, der werde frühzeitig an Ordnung, Reinlichkeit und Pünktlichkeit gewöhnt. Man verbiete ihm, Romane zu lesen; will er seinen Geist bilden, so treibe er Naturwissenschaften, Geschichte, Mathematik; sie werden seinen Verstand üben, sein Gedächtnis stärken, ihm endlich in der Kochkunst anwendbare Kenntnisse zuführen. Übrigens lese er mein Buch und nichts als mein Buch.*

Im 8. Kapitel seines Buches, es heißt »Von den nahrhafteren Gemüsen«, geht von Rumohr unter anderem auch auf die Zubereitung von fleischigen Wurzeln, Sellerie, Mangold, Gurken und Roter Bete als *Zugemüse* ein. Der Begriff Zugemüse, heute sagt man *Gemüsebeilage*, wurde im Jahr 2000 aus der 22. Auflage des Dudens gestrichen. Im »Adelung«, dem »Grammatisch-kritischen Wörterbuch der Hochdeutschen Mundart« von 1801 ist zu lesen:

> *Das Zugemüse, des -s, plur. ut nom. sing. eine*
> *Speise aus dem Pflanzenreiche, welche zu dem*
> *Fleische, oder nach dem Fleische gegessen wird,*
> *z. B. Kohl, Rüben, Erbsen, Linsen, Grütze, u.s.f.*
> *Eine Suppe und zwey Zugemüse. S. auch Gemü-*
> *se. Im Nieders. Zukost, Zuspeise.*

Doch so wertneutral wurde das *Zugemüse* nicht überall betrachtet. In einem Belegzitat des »Grimm'schen Wörterbuchs« steht geschrieben:

> *zugemüse ohne fleisch ist mäszige, kärgliche*
> *speise: versuchs doch mit deinen knechten ze-*
> *hen tage, und las uns geben zugemüse zu essen,*
> *und wasser zu trinken – Daniel 1, 12.*

Eine ganz andere Bedeutung verlieh 1832 der österreichische Journalist und Satiriker Moritz Gottlieb Saphir dem *Zugemüse*:

> *Es gibt Menschen, die nur Zugemüse sind, als*
> *Zugemüse in Gesellschaften kommen, als Zuge-*
> *müse an Mittagstafeln paradiren, kurz die bloß*
> *als Zugemüse in jeder Gesellschaft zu finden*
> *sind. Ein solcher Zugemüsemann gehört weder*
> *zu den Kraftbrühen der geistigen Conversa-*
> *tion, noch zu der Sauce picante der beliebten*
> *Medisance, noch zu dem Confekte der geselligen*
> *Scherze, er ist nichts weniger und nichts mehr*
> *als – Zugemüse, weder für den Hunger noch für*
> *den Durst; allein es ist schon so gebräuchlich,*
> *man hat nun einmal Zugemüse, es ist schon so*
> *eingeführt und niemand will das Zugemüse ab-*
> *schaffen, obwohl es nur wenige genießen.*

Die in seinem »Lyrischen Bilderkasten« beschriebene, gähnend langweilige Spezies des *Zugemüses* feiert mit jeder neuen Generation ihre Wiederkehr. Weshalb vermutlich derzeit unter den kulinarischen Beleidigungen die vegetarischen den fleischlichen eine Möhrenlänge voraus sind. *Wurzeldeutsche* ist so ein Schimpfwort oder *Kartoffel*, womit ebenfalls sogenannte *Herkunftsdeutsche* auf recht harmlose Art und Weise von Menschen, die noch nicht so lange in Deutschland leben oder die die deutsche Staatsbürgerschaft erst vor Kurzem angenommen haben, auf den Arm genommen werden. Wobei die Kartoffel natürlich genau genommen erst im 17. Jahrhundert nach Deutschland eingewandert wurde, unter tätiger Mithilfe von Friedrich dem Großen.

Zu den ehemals eingeführten und heute noch massenhaft konsumierten, aber gleichzeitig geächteten Pflanzen gehören auch die der Gattung der Nicotiana (10/1929). In Johann Georg Friedrich Jacobis Werk »Neues vollständiges und allgemeines Waaren- und Handlungs-Lexicon« von 1800 ist zu lesen:

> *Tabak, Tobak, Tabacum Nicotiana, eine Pflanze, welche im J. 1560 von einem Franzosen, Namens Jean Nicot, bei Gelegenheit der von den Spaniern geschehenen Entdeckung von Amerika, zuerst gefunden und nach Europa gebracht worden ist. Den Namen Tabak oder Tobak haben die Spanier diesem Kraut zuerst beigelegt, und solchen von der Provinz Tabaco in dem amerikanischen Königreich Jucatan, entlehnt, wo die Pflanze auch zuerst gefunden wurde. Dieser Name ist jezt fast der einzige, unter dem man dieses Kraut kennet; alle andere, sowohl deutsche, lateinische, französische und italiänische Namen, mit denen man den Tabak im Anfange, als er nach Europa kam, theils wegen seiner Aehnlichkeit mit andern Gewächsen, theils wegen*

seinen Wirkungen und Tugenden, theils auch nach
denjenigen, die ihn anfänglich bekannt machten,
benennte, als auch dessen amerikanische Namen
Petum und Toli, sind jezt nur wenig mehr gebräuch-
lich und bekannt.

13 Jahre später schrieb der Schriftsteller und Naturforscher
Adelbert von Chamisso mit »Peter Schlemihls wundersamer Geschichte« eine großartige Märchenerzählung über einen Mann,
der dem Teufel seinen Schatten verkauft. Am Ende der Erzählung lebt Schlemihl als Naturforscher und von den Menschen
zurückgezogen in eben jener Weltgegend, aus der der Tabak ur-
sprünglich stammt. Über die Einsamkeit hinweg und für mangeln-
des Glück hat er »*als Surrogat die Nicotiana, und für die mensch-*
liche Teilnahme und Bande der Liebe« einen treuen Pudel an seiner
Seite, der die Höhle in der Thebais bewacht, wenn er mit neuen
Schätzen beladen zu ihr zurückkehrt.

Eine Auswahl gestrichener Wörter

Auflage / Jahr	Wort
10/1929	Fachinger Mineral-wasser
10/1929	Galantine *Pastete aus Fleisch oder Fisch, die mit Aspik überzogen ist und kalt aufgeschnitten wird*
10/1929	Meringentorte *schaumgefülltes Gebäck*
10/1929	Nicotiana *Nikotin, Tabak*
10/1929	Punschbowle
10/1929	Saint-Julien *Wein*
10/1929	Stiltonkäse *englischer Blauschimmelkäse*
11/1934	Exportbier *untergäriges, länger haltbares Bier*
11/1934	Hotschpott *schottisches Würzfleisch mit Gemüse*
11/1934	Niklaszopf[1] *Weihnachtsgebäck aus Obersachsen*
12/1941	Breakfast *Frühstück*
12/1941	Naschdose
12/1941	Naschmarkt
12/1941	Nisselsalat *oberdeutsch für: Acker-, Feldsalat*
15/1961[W] 16/1967[°]	Konstantia-wein *Wein aus Südafrika*
15/1961[W] 14/1951[°]	Roob *eingedickter Saft von Möhren, Wacholdern u. a.*
16/1967[W] 18/1985[°]	Potage *Suppe*
17/1973[W] 17/1976[°]	Musbrei
18/1980[W] 18/1985[°]	Agrumen, Agrumi *Sammelbezeichnung für Zitrusfrüchte*
18/1980[W] 16/1967[°]	Nestlemehl® *Milchpulver des schweizerischen Nahrungsmittelbetriebes Nestlé*
19/1986[W] nie v.[°]	Nationalspeise
19/1986[W] immer v.[°]*	naturell *natürlich, unbearbeitet; Gastronomie: ohne besondere Zutaten zubereitet*
22/2000	Skrubs *minderwertige Tabakblätter*
22/2000	Zugemüse *Gemüsebeilage*
26/2013	Manggetreide *gemischtes Getreide*
26/2013[W]	Weckapparat®

---

1   Bis einschließlich zur 14. Auflage (West) von 1954 bzw. zur 15. Auflage (Ost) von 1957 findet sich noch der Eintrag *Niklas* mit der Bedeutungsangabe »Gebäck«.

Endlich ein Sieger

Amateurboxer

Sport

Als der Maler Max Liebermann und seine Familie begannen, ihre Sommer im holländischen Scheveningen zu verbringen, war der an der Nordsee und unweit von Den Haag gelegene Ort längst kein verschlafenes Fischerdorf mehr, sondern ein aufstrebendes Seebad mit großem Kurhaus und erstklassigen Hotels und Restaurants, in dem sich das europäische Bürgertum der Sommerfrische hingab. Hier und an anderen Orten entlang der Küste entstanden einige von Liebermanns bekannten Bildern: das Ölgemälde »Badende Knaben« etwa oder »Tennisspieler am Meer« von 1901, womit er wohl der erste deutsche Künstler war, der den Tennissport auf einem Gemälde verewigte. Inspiriert wurde er dazu von seiner damals 15-jährigen Tochter Käthe, die sich auf dem Rasenplatz vor dem Hotel d'Orange, wo die Liebermanns logierten, gerne mit jungen Engländern zu einem Match *Lawn-Tennis* (englisch für »Rasentennis«) verabredete. Der Sport war überaus populär und trat ab den 1880er-Jahren von England aus seinen Siegeszug in ganz Europa an. Und etwa zeitgleich mit dem Gemälde von Max Liebermann entstand, 1898, ein Gedicht des Lyrikers Arno Holz, der das mit der neuen Sportart einhergehende Lebensgefühl sehr schön beschreibt.

45

So eine kleine Fin-de-Siècle-Krabbe,
die Lawn tennis schlägt!

So eine kleine Fin-de-Siècle-Krabbe, die Lawn tennis schlägt!
Rote, gewellte Madonnenscheitel,
eine lichtblaue Blouse aus Merveilleux
und im flohfarbnen Gürtel ein Veilchensträuschen,
das nach amerikanischen Cigaretten duftet.
Um ihren linken Seidenknöchel,
wenn sie die weissen Bälle pariert,
klirrt ein Goldkettchen.
Abends ist Feuerwerk.
Man drängelt sich mit ihr in eine möglichst dustre Ecke,
lässt sie sich schmachtend an seinen Busen lehnen
und sieht zu, wie die Sterne zerplatzen.
Ah!
Ein Fünfminutenkuss und gar kein Fischbein.

Aufgenommen wurde *Lawn Tennis*[1] in der 4. Auflage von 1893. In der Zeit zwischen den beiden Weltkriegen wurde immer seltener auf Rasen gespielt, in Mode kamen Sandplätze. Dass zu dieser Zeit die Bezeichnung *Lawn Tennis* allmählich durch das parallel verwendete *Tennis* abgelöst wurde, spiegelt sich auch im Duden: Erst in der 9. Auflage von 1915 war erstmals auch *Tennis* als eigenes Stichwort verzeichnet, mit dem Verweis auf *Lawn-tennis*. Ab der 10. Auflage von 1929 wurde dann von *Lawn-tennis* auf *Tennis* verwiesen, und der eigene Eintrag für die Zusammensetzung Lawn-tennis-Spieler (10/1929) wurde gestrichen. Die deutsche Entsprechung *Rasentennis* wurde übrigens erst in die 18. Auflage (1980) des West-Dudens aufgenommen.

---

1   Die Schreibung variierte im Laufe der Zeit.

In ihrem Benimmbuch mit dem Titel »Wie soll ich mich be-
nehmen« von 1896 gibt die adelige Autorin J. von Wedell der Bezeichnung *Lawn Tennis* noch den Vorrang:

> *Allen voran steht das beliebte Lawn Tennis, auch*
> *nur Tennis genannt, dem an Badeorten, wie Hom-*
> *burg, Wiesbaden, großartige Plätze hergerichtet*
> *wurden, und welches auch in den Gärten begüterter*
> *Familien eine Freistatt fand. Es ist ebenso gesund*
> *wie interessant, erfordert und begünstigt körper-*
> *liche Gewandtheit und Anmut. Es wird in Parteien*
> *gespielt. Die Anzahl der vom Gegner geworfenen,*
> *gut aufgefangenen und zurückgeschlagenen Bälle*
> *bestimmt den Gewinn. Selbstverständlich ist hier*
> *kein Platz, die Regeln des Tennis aufzuzählen. Nur*
> *so viel sei gesagt, daß jeder, der sich in das Spiel*
> *vertiefte, bald zum begeisterten Anhänger ward.*
> *Zum Tennis legen Herren hellen, möglichst weißen*
> *Flanellanzug mit buntseidenem Gürtel an, dazu*
> *Tennisschuhe, und weichen hellen, am besten wei-*
> *ßen Filzhut oder Mütze. In Hemdsärmeln zu spielen,*
> *ist ganz und gar unpassend. Auch die Damen ver-*
> *tauschen das Straßenkostüm mit fußfreiem Rock,*
> *bequemer Bluse aus hellem hübschem Stoff, event.*
> *Schürze mit Tasche zum Aufbewahren der Bälle*
> *und kleinem rundem Matrosenhut aus Stroh nach*
> *Herrenart.*

Nach den Clubgründungen in Bad Homburg und Baden-Baden
entstanden in rascher Folge auch in anderen deutschen Städten
Vereine und bereits 1892 fanden die ersten deutschen Tennismeis-
terschaften (12/1941) statt, auf die ab 1902 die German Open am
Hamburger Rothenbaum folgten. Einerseits professionalisierte

sich der Tennissport und internationale Turniere zogen die Massen an, andererseits entwickelte sich das Spiel im ganzen Land zu einem beliebten Zeitvertreib der Oberschicht. Und so verwundert es auch nicht, dass das Geschäft mit Tennisbekleidung, Spielgeräten und Tennisbüchern florierte, und ein Postkartenverlag vermarktete sogar Postkartensets, die den deutschen Kronprinzen Wilhelm und die Kronprinzessin Cecilie beim *Lawn-Tennis* zeigten. Der standesbewusste Max Liebermann, der in einer prachtvollen Villa am Wannsee lebte, malte in diesen Jahren nicht nur Tennisspielerinnen und Tennisspieler, sondern wandte sich malend auch anderen privilegierten Sportarten zu, dem Polo- und Pferderennsport. Dieses Mal nicht angeregt durch seine Tochter, sondern durch den Kunsthändler und Verleger Bruno Cassirer, dem er 1898 zum Amt des Sekretärs der Künstlervereinigung »Berliner Secession« verhalf, einer Position, die Cassirer gemeinsam mit seinem Cousin Paul bekleidete. Bruno Cassirer war begeisterter Pferdeliebhaber, züchtete mit großem Erfolg auf seinem eigenen Gestüt Rennpferde und engagierte sich als Investor und Vorsitzender für die Trabrennbahn in Berlin-Mariendorf. Noch heute ist eines der dort stattfindenden Rennen nach ihm benannt. Alfred Döblin sagte über Cassirer: »*Er treibt Verlag mit Kunsthandel, gemildert durch Pferdezucht. Vom ersten verstehe ich wenig, vom zweiten weniger und vom dritten nichts. Aber das Ganze gefällt mir.*«

1901 überwarfen sich Paul und Bruno Cassirer. Bruno übernahm den Verlag, Paul die Galerie und den Kunsthandel. Max Liebermann und mit ihm zahlreiche andere Künstler, darunter Max Slevogt und Lovis Corinth, verkehrten weiterhin mit beiden, denn Paul betrieb eine der angesehensten Kunstgalerien Europas und Bruno gab mit »Kunst und Künstler« sowohl eine der führenden Kunstzeitschriften als auch Künstlermonografien und illustrierte Romane heraus.

Während sich das Bürgertum beim Segeln, Reiten oder Tennisspiel vergnügte, wandte sich das einfache Volk begeistert anderen

Sportarten zu: 1903 fand die erste Endrunde der Deutschen Fuß-
ballmeisterschaft statt, 1909 dann das erste kontinentale Bahn-
rad-Sechstagerennen in Berlin. Und der aus Neukölln stammende
Boxer Paul Maschke, der im Ausland unter dem Kampfnamen Joe
Edwards als Profiboxer Karriere gemacht hatte, bestritt mithilfe
eines Tricks trotz des Verbots öffentlicher Boxveranstaltungen
ab 1907 Wettkämpfe im Zirkus Busch: Er trat statt gegen einen
anderen Boxer gegen einen Jiu-Jitsu-Kämpfer an. 1908 eröffnete
das Berliner Wannseebad und bald schon gründeten sich Arbei-
ter-Schwimmvereine oder Clubs mit Namen wie »Die Wannsee-
aten«. 1912 hatte das Bad bereits 500.000 Besucher jährlich. Und
im Berliner Stadtteil Schöneberg wurde 1910 der Sportpalast ge-
baut, eine Veranstaltungshalle, die 10.000 Zuschauern Platz bot.

Nach dem Ersten Weltkrieg nahm die Sportbegeisterung noch
einmal zu. Vor allem der Boxsport faszinierte die Menschen und
auch die Berliner Künstlerboheme fand sich bei den Kämpfen
von Max Schmeling (genannt: Maxe), Hans Breitensträter (genannt: Blonder Hans) oder Sabir Mahir, dem »Schrecklichen
Türken«, ein.

Mahir, ehemaliger Profifußballer von Galatasaray Istanbul, ver-
ließ während politischer Unruhen sein Land, ging zuerst nach Paris und zog während des Ersten Weltkrieges nach Berlin. Dort trat
er, wie Paul Maschke, zunächst als Kämpfer im Zirkus auf. Nach
dem Krieg bestritt er vier Profiboxkämpfe und eröffnete zu Beginn der 1920er-Jahre am Kurfürstendamm das »Studio für Boxen
und Leibeszucht«. Er trainierte den Schwergewichtsboxer Franz
Diener und veranstaltete die sogenannten »Teestunden am Ring«,
wo man, statt im Ring zu kämpfen, Reden oder Vorträge halten
konnte. Hier traf er auf einen der vom Boxsport besonders begeis-
terten Intellektuellen, nämlich Bertolt Brecht. Die Schriftstellerin
Vicki Baum trainierte in seinem Studio und auch andere berühmte
Amateurboxer (11/1934) lernten bei ihm die Boxerei (12/1941): Marlene Dietrich, Carola Neher und Leni Riefenstahl.

Eine neue Zeit war angebrochen, mit der der inzwischen fast achtzigjährige Max Liebermann fremdelte. Doch am 6. Januar 1926 ereignete sich eine Tragödie, die die gesamte Berliner Kunst- und Kulturszene erschütterte und über die Harry Graf Kessler in seinen Tagebüchern berichtet:

London. 6. Januar 1926. Mittwoch

Telegramm von Max, daß Paul Cassirer sich erschossen hat; man hoffe aber, ihn zu retten.

Berlin. 7. Januar 1926. Donnerstag

Abends um halb sechs in Berlin an. Max auf der Bahn sagt mir, daß Paul Cassirer heute morgen gestorben ist.

Berlin. 10. Januar 1926. Sonntag

Trauerfeier für Paul Cassirer. Das ganze künstlerische Berlin. Der Sarg in der Mitte des großen Ausstellungssaals aufgebahrt, unter einem Teppich von roten Rosen. Max Liebermann sprach zuerst, ich danach. Obwohl Ernst Cassirer noch gestern abend um halb zwölf bei mir anrief und durchzusetzen versuchte, daß ich die Tilla Durieux in meiner Rede nicht erwähne (weil in der Familie und bei den Freunden Cassirers eine so starke Animosität gegen sie herrsche), erwähnte ich sie doch selbstverständlich. Sie war tief verschleiert anwesend (auch dies hatten Ernst Cassirer, Feilchenfeld und andre zu verhindern versucht). Ich drückte ihr nachher die Hand, und sie dankte mir.

Hinaus zum wunderschönen Friedhof an der Heerstraße, wo bei herrlichem Wintersonnenschein im Kiefernwald die Beisetzung stattfand. Mit Kolbe hinausgefahren und nachher in sein Atelier, wo er mir die Totenmaske zeigte. – Nachmittags bei Georg Bernhards. – Der Tod Cassirers hat mich tief erschüttert.

Die Schauspielerin und Hörspielsprecherin Tilla Durieux und Paul Cassirer hatten sich in der alten wie in der neuen Welt bewegt und waren mit Künstlern ebenso befreundet gewesen wie mit Literaten, Schauspielern oder Theaterleuten. Durieux unterstützte den Schriftsteller und Dramatiker Ernst Toller, nachdem er nach dem Scheitern der Münchner Räterepublik wegen Hochverrats gesucht wurde, sie beteiligte sich an der Finanzierung der Piscator-Bühne am Nollendorfplatz und stand mit Egon Erwin Kisch und Brecht in Kontakt.

Am 4. April 1928 traten beim Kampf des Jahres im Berliner Sportpalast Franz Diener und Max Schmeling im Schwergewicht gegeneinander an, um den Titel des Deutschen Meisters miteinander auszuboxen. Autoren wie Kisch und Kurt Pintus hatten Texte für das Programmheft beigesteuert und im Publikum saßen viele Prominente inmitten der aufgeputschten Zuschauerschaft. Schmeling gewann nach fünfzehn Runden nach Punkten.

Am 12. Juni 1930 schaute die Sportwelt dann gebannt nach New York, wo Max Schmeling im ausverkauften Baseball-Stadium der Yankees den Weltmeisterschaftskampf gegen Jack Sharkey bestritt. Sharkey ist haushoch überlegen, aber Schmeling gewinnt den Kampf, obwohl er in der 4. Runde zu Boden geht, weil Sharkey wegen unerlaubtem Tiefschlag disqualifiziert wird. Schmeling ist enttäuscht und sagt später in einem Interview: *»Das war so, dass ich so enttäuscht war, dass ich also den Titel am selben Abend noch zurückgeben wollte und wollte verzichten«,* aber er behielt den Titel und in Deutschland wurde gejubelt.

Carl von Ossietzky spottet in der »Weltbühne« vom 17. Juni in einer Glosse mit der Überschrift »Endlich ein Sieger!«:

Zunächst: keep smiling! Lieber deutscher Landsmann, bewahren Sie Ihre Haltung, Ihr Lächeln. Ihr letztes bißchen Verstand, soweit es Ihnen nicht Adolf Hitler fortgepustet hat. Nein, es ist übertrieben, daß in New York der deutsche Gott, die deutsche Kraft und noch einiges andre Deutsche mehr gesiegt hat, daß in Max Schmelings Boxhandschuhen die Geister Luthers, Kants und Goethes gesteckt haben, um einem Sohn Deutschlands zum Siege über die Mächte der Finsternis zu führen. Wahr ist nur, daß zwei zu diesem Zwecke hochbezahlte Schlächtergesellen übereinander hergefallen sind und sich mit fürchterlichen Argumenten bearbeitet haben. Die Fäuste der beiden Herren in allen Ehren, aber, gesetzt den Fall, die beiden hätten sich nicht im Ring getroffen, sondern irgendwo auf der Straße, so wären nicht gleich die Botschafter der betroffenen Nationen herbeigeeilt, die Zuschauer dagegen entsetzt und angewidert davongelaufen, und ein paar Schutzleute hätten dem Ereignis ein schnelles Ende bereitet, ohne die technischen Finessen der Prügelei fachmännisch zu begutachten. Doch solche unheroischen Erwägungen stören die deutsche Seele nicht, und so ist die Einheitsfront um Max Schmeling perfekt. Wir lieben vereint, wir hassen vereint, wir kennen alle nur einen Feind: - Jack Sharkey.

Selbstverständlich ist die Schwellung der deutschen patriotischen Hochgefühle nicht unbegreiflich. Wir haben endlich mal wieder einen Sieger. Von Ludendorff bis Schacht gab es nach jedem großen Aufschwung am Ende immer wieder eine ausgedehnte Pleite. Und wie herrlich einfach ist dieser Sieg durch Disqualifikation des Gegners, dieser Sieg nur aus dem Grunde, weil der Andre nicht commentmäßig gedroschen hat. So hätte es von Rechts wegen 1918 sein müssen, als die Franzosen mit den verwerflichsten

Mitteln zu siegen anfingen und der berühmte Tiefschlag von hinten ihre schoflen und unsportlichen Erfolge vollendete. Da hätte der Ringrichter eingreifen, den Marschall Foch vor ein Kriegsgericht schicken und den Deutschen den verdienten Sieg zusprechen müssen. Das wäre nur gerecht und sportlich gewesen. Dieser Sieg, weil der Feind regelwidrig geschlagen hat und dem Zusammengehauenen trotzdem der Titel zuerkannt wird, das ist der deutsche Wunschtraum seit zehn Jahren. Doch hat sich noch kein Ringrichter gefunden, der den Versailler Vertrag außer Kraft gesetzt.

Bertolt Brecht schrieb 1928 in »Die Krise des Sports«:

Ich bin gegen alle Bemühungen, den Sport zu einem Kulturgut zu machen, schon darum, weil ich weiß, was diese Gesellschaft mit Kulturgütern alles treibt, und der Sport dazu wirklich zu schade ist. Ich bin für den Sport, weil und solange er riskant (ungesund), unkultiviert (nicht gesellschaftsfähig) und Selbstzweck ist.

Als Brecht diesen rau-romantischen Wunsch zu Papier brachte, war die Kommerzialisierung des Sports schon in vollem Gange, und auch seine politische Vereinnahmung war bereits abzusehen. Heute ist der Sport ein bedeutender Wirtschaftszweig. Wie eine 2014 vom Bundeswirtschaftsministerium und vom Bundesinstitut für Sportwissenschaften in Auftrag gegebene Studie zeigt, geben die privaten Haushalte jährlich 89,1 Milliarden Euro für mit dem Sport verbundene Waren und Dienstleistungen aus. Das sind 6,6 Prozent der privaten Konsumausgaben und die Wertschöpfung des Sports ist mit 3,3 Prozent des Bruttoinlandsprodukts ähnlich hoch wie die des Fahrzeugbaus.

Eine Auswahl gestrichener Wörter

10/1929	Bowlinggreen *Rasen-fläche zum Boulespielen*
10/1929	Epsomrennen *Pferde-rennen in Epsom nahe London*
10/1929	Falkade *Sprung eines Pferdes mit gekrümmten Hinterbeinen,* falkieren
10/1929	Halifaxschlittschuh *mit einem Spannhebel an den Schuhen zu befesti-gender Schlittschuh*
10/1929	Lawn-tennis-Spieler *Rasentennisspieler*
10/1929	Skating-Rink *Rollschuhbahn*
10/1929	Table-tennis *Tischtennis*
11/1934	Amateurboxer
11/1934	Berufsboxer[2]
11/1934	Startpylon *Abfluggerüst*
12/1941	Boxerei
12/1941	Nennungsgeld *Betrag, der bei der Mel-dung zu einem Wettbe-werb zu zahlen ist*
12/1941	Pokerhand *Kombination aus fünf Karten im Pokerspiel*
12/1941	Tennismeisterschaft
13/1947	NSRL *Nationalsozialisti-scher Reichsbund für Lei-besübungen*
13/1947	Reichssportfeld *Gelän-de der Olympischen Som-merspiele 1936 in Berlin*
13/1947	Reichssportführer *Leiter des NSRL*
13/1947	Wehrsport *Sport, der der militärischen Ausbil-dung dient,* Wehrsportler

---

2   *Berufsboxen* ist seit der 18. Auflage des West-Dudens (1980) verzeichnet.

14/1954[w] 14/1951[o] Cake-Walk
um 1900 populär gewor-
dener Gesellschaftstanz
aus den USA

14/1954[w] 16/1967[o] Damenbad
nur für Frauen zugelasse-
ner Teil einer Badeanstalt

17/1973[w] 18/1985 Drachen-
ballon *Fesselballon*

18/1980[w] nie v.[o] Nuvolari, Tazio
italienischer Autorenn-
fahrer

18/1985[o] nie v.[w] Forward
schweiz. für: Stürmer
beim Fußball

25/2009 Kollett *Reitjacke*

27/2017 Goalmann *besonders ös-*
terreichisch für: Torhüter

Über Kodaker, Nuditätenschnüffler und Notizensammler

Schräge Typen

1888 besteigt Kaiser Wilhelm II. den Thron, Bertha Benz unternimmt die erste Überlandfahrt in einem Automobil, Vincent van Gogh malt mehrere Versionen seines Sonnenblumen-Gemäldes und die »Eastman Dry Plate Company«, die sich wenig später in »Eastman Kodak Company« umbenennt, wirbt im Deutschen Reich mit ganzseitigen Anzeigen für eine neue Kamera:

> *Photographie! Letzte Neuheit! Kein Spielzeug!*
> *Eastman's Kodak-Handkamera - Patentiert für alle Länder*
> *Kodak wiegt geladen für 100 Aufnahmen 700 Gramm und*
> *ist 5½ × 9 × 16 cm gross*
> *Kodak ist die beste, einfachste, sicherste und leichteste aller*
> *Detectivkameras!*

Und mit der »Kodak-Original« und dem Nachfolgemodell »Kodak Nr. 1« waren bald auch die Kodaker (10/1929) geboren, sprich *»die Benutzer eines Kodaks«,* wie es in der Bedeutungserklärung des Dudens hieß. Das schloss die harmlosen Amateurfotografen ein, bekannt wurde der Begriff aber durch die Paparazzi der ersten Stunde, die den öffentlichen Raum mit ihren Kodaks unsicher machten und, professionell oder privat, alles und jeden ablichteten. Einer der berühmtesten Bürger des Reiches machte sich Sorgen. *»Man ist jetzt gar nicht mehr sicher, die Kerle lauern einem überall auf mit ihren Knipsapparaten. Man weiß nie, ob man fotografiert oder erschos-*

sen wird«, beklagte sich Otto von Bismarck. Und es klingt wie eine böse Vorahnung, denn eine Fotografie mit dem Titel »Bismarck auf dem Sterbebette« sorgte ein paar Jahre später, im August 1898, für einen Presseskandal. Die Hamburger Fotografen Willy Wilcke und Max Christian Priester hatten sich unter Mithilfe von Bismarcks Förster illegal Zutritt zu Bismarcks Totenzimmer verschafft und boten die Aufnahmen am 2. August in einem Hotel Unter den Linden an, nachdem sie in Berliner Tageszeitungen per Inserat nach Käufern gesucht hatten. Die enorme Summe von 30.000 Mark bot ein Interessent, aber am 4. August wurden die beiden verhaftet und das Bild wurde beschlagnahmt. Sie erhielten je fünf Monate Gefängnisstrafe, das Bild wurde erst 1952 zum ersten Mal abgedruckt.

Zu etwa derselben Zeit trieb eine andere Spezies ebenfalls ihr Unwesen in Berlin und im ganzen Land. Sie war nicht neu, erlebte aber im prüden Kaiserreich eine erstaunliche Renaissance. Während weite Kreise der Bevölkerung sich mit Kolportageromanen, Groschenheften oder Bückware erotischen Träumereien hingaben, mal romantisch, mal deftig und explizit, durchkämmten Nuditätenschnüffler (11/1934), Sittlichkeitswächter und Mucker die Museen, Parks und Bibliotheken, um alles Nackte und Anzügliche auszumerzen. »Ein Nuditätenschnüffler«, so diagnostizierte es ein heute unbekannter Autor in einer von Sigmund Freud mit einem Geleitwort versehenen wissenschaftlichen Arbeit, *»der über einen harmlosen Putto in Wut gerät, verrät in der Analyse regelmäßig einen Wust schmutzigster Wünsche, die nur mühsam gebändigt werden. Der Sittlichkeitsfanatismus ist oft nur ein Zufluchtsort schwächlicher Lüstlinge, die im Sumpf des Lasters unterzugehen befürchten.«*

Bigotte Feigenblatt-Erlasse gibt es auch heute wieder, nicht von staatlicher Seite, sondern von selbsternannten Sittlichkeitseiferern. Derartige Bilderstürmer sollten sich vielleicht von den Worten von Johann Joachim Winckelmann ins Gewissen reden lassen. Der Begründer der wissenschaftlichen Archäologie und der Kunstgeschichte in Deutschland schrieb 1759:

> *Diese Woche wird man dem Apollo, dem Laokoon und*
> *den übrigen Statuen im Belvedere ein Blech vor den*
> *Schwanz hängen vermittelst eines Drahts um die Hüf-*
> *ten [...]. Eine eselsmäßigere Regierung ist kaum in Rom*
> *gewesen, wie die itzige ist.*

Der letzte schräge Typ, den vorzustellen ich mir vorgenommen habe, war zeitweise schon aus dem Duden verschwunden (12/1941, 13/1947), wurde aber endgültig erst aus der 18. West-Auflage (1980) und der 16. Ost-Auflage (1967) gestrichen: Die Rede ist von dem Notizensammler. Seine Wahl beruht auf einem Irrtum meinerseits, denn ich stellte mir zuerst vor, dabei handle es sich entweder um einen amateurhaften, seine Nachbarn bespitzelnden Denunzianten oder um einen manischen Tagebuch- oder Notizzettelschreiber, einen intellektuellen Messie sozusagen, der sich in seiner haltlosen Sammelleidenschaft verliert. Richtig ist aber wohl das Gegenteil. Der *Notizensammler* als gewissenhafter Wahrer und Auswerter von Wissen, der mit der Methode des Exzerpierens bedeutende Werke schafft, kommt der Bedeutung des Wortes näher. Johann Joachim Winckelmann arbeitete so, aber auch Gottfried Herder, Jean Paul und viele andere. Aber die penibelsten *Notizensammler,* so stelle ich mir es vor, arbeiteten in den Redaktionen von Wörterbuchverlagen und Enzyklopädien und ein Artikel von 1879, in dem beschrieben wird, wie »Meyers Konversations-Lexikon« erstellt wurde, scheint das zu bestätigen. Die Redaktion beschäftigte etliche *Notizensammler*, die ca. fünfzig nationale und internationale Zeitungen auswerteten, um so zur Aktualisierung der 70.000 Artikel beizutragen. Auch die Dudenredaktion beschäftigte sie, die später Exzerpteure genannt wurden, und zwar fast bis zur Jahrtausendwende. Ohne sie würde es auch dieses Buch nicht geben.

Was wir einmal vermissen werden

Familie und Alltag

Vor einigen Jahren erschien mit großem Erfolg ein Buch des Direktors des British Museum in London, Neil MacGregor: In ihm erzählt er anhand von hundert Exponaten seines Hauses die Weltgeschichte. Der Ansatz, den er mit »Eine Geschichte der Welt in 100 Objekten« verfolgte, nämlich historische Artefakte aus unterschiedlichen Zeiten und Weltgegenden zum Sprechen zu bringen, lässt sich in abgewandelter Form, so meine ich, auch mit den aus dem Duden gestrichenen Wörtern nachbilden. Insbesondere dann, wenn man dabei eine Auswahl trifft, die sich mit Alltagsgegenständen und Alltagsphänomenen der jüngeren und ferneren Vergangenheit beschäftigt und die uns so im Kleinen die Veränderung unserer Lebenswirklichkeit und Lebensweise vor Augen führt. Meine Auswahl fiel dabei auf Wörter, die altertümlich klingen und/oder Dinge, Tätigkeiten oder Personen benennen, die in unserer Gegenwart so nicht mehr vorkommen oder im Verschwinden begriffen sind. Und das erklärt in den wohl meisten Fällen auch, warum die verschiedenen Dudenredaktionen sich irgendwann entschlossen, sie aus einer der bisher 27 Dudenauflagen zu tilgen. Die Wörter, auf die die Wahl für dieses Kapitel fiel, heißen:

Montagsausgabe	Eingesandt	Federbüchse
Nebenwohner	Nipptisch	Nahrungssorge	Angstmann
Nasenquetscher	nafzen	Wettermacherin	Neujährchen

Beginnen wir mit einem Wort, das erst seit der aktuellen 27. Auflage nicht mehr im Duden steht, der Montagsausgabe (27/2017). Über viele Jahre gehörte der Werbeslogan »*Montag ist SPIEGEL-Tag*« zur alten Bundesrepublik wie das HB-Männchen oder Frau Antje. Die durch die Digitalisierung und das Internet veränderten Lesegewohnheiten führten dazu, dass sich die Verantwortlichen des Nachrichtenmagazins im Januar 2015 dazu entschlossen, den Samstag zum SPIEGEL-Tag zu machen. Einerseits, so argumentierten sie, hätten die Menschen am Wochenende mehr Zeit, andererseits sei das Heft dann aktueller, da sein Erscheinen nun schon einen Tag nach der Schlussredaktion erfolge. Und sie änderten ihre Werbebotschaft in den Satz um: »Keine Angst vor der Wahrheit!«, weil das Wahre vom Falschen zu trennen in Zeiten von »Fake News« immer schwieriger wird und zur Hauptaufgabe von Qualitätsmedien geworden ist.

Die rasant fortschreitende Transformation des Zeitungsmarktes fordert alle Akteure, und insbesondere das über sehr lange Zeit überaus erfolgreiche Geschäftsmodell »Tageszeitung« gerät seit Jahren unter Druck. Ich halte es für gut möglich, dass sich im Zuge dessen auch altgewohnte Formate verändern oder sogar verschwinden. Die Montagsausgaben der gedruckten Tageszeitungen beispielsweise, denn an Montagen ist das Inseratenaufkommen niedriger als an den anderen Tagen und die diversen Sonntagszeitungen, die in Deutschland um Leser buhlen, handeln die wichtigsten aktuellen Themen publizistisch bereits am Wochenende ab.

Es ginge den Montagsausgaben dann wie den Extrablättern, den früheren Sonderausgaben von Tageszeitungen, die neben den regulären Ausgaben erschienen, wenn sich ein Ereignis von herausragender Bedeutung zugetragen hatte. Ich kann mich nur an ein einziges Mal erinnern, dass ich ein Extrablatt in die Hände gedrückt bekam. Das war im Januar 1991 in Aachen und aus Anlass des beginnenden Golfkrieges. Heute übernehmen Sondersendungen im Fernsehen und vor allem Liveticker im Internet diese Funktion. Auf dem Rückmarsch ist auch der klassische Eingesandt (25/2009) beziehungsweise der Leserbrief, der früher auch *Eingesandt* genannt wurde. Einen Spiegel in das Gesicht der Gesellschaft halten nun eher die Kommentarspalten der Online-Ausgaben und die Diskussion über Hassmails. Auch wird die damit einhergehende Verrohung der Sprache beklagt. Der Internet-Pionier Jaron Lanier sagt inzwischen, Facebook habe das Internet in etwas Böses verwandelt. Das mit so viel Hoffnungen und als klassenlos und demokratisch gefeierte Medium ist zur Gefahr für die offene Gesellschaft geworden. Als Reaktion auf die Informations- und Meinungsflut hört und liest man immer häufiger den deftigen Satz: »Einfach mal die Fresse halten«, und zahlreiche Bücher beschäftigen sich mittlerweile mit der Frage, wie dieser digitalen Falle zu entgehen sei. Aber ist das alles neu? Nein, schon 1820 beschwerte sich der Herausgeber eines in Schlesien erscheinenden Wochenblatts:

> *Das Jauersche Wochenblatt ist und soll [...], blos Bekanntmacher gemeinnütziger Nachrichten seyn, aber nie zur Schandchronik der Stadt gemißbraucht werden. Darum ersuche ich alle namenslosen Verfasser derjenigen, mitunter pasquillartigen Ausfälle gegen hiesige Familien und deren Glieder beiderlei Geschlechts, welche seit dem Januar d. Js. eingegangen sind, mich künftig damit zu verschonen, und ihre Zeit besser anzuwenden.*

Was in wohlklingenderen Worten genau das meinte, was »einfach mal die Fresse halten« auch bedeutet, nämlich die Federbüchse (25/2009) zu schließen, den Griffel ab und an wegzulegen, statt den Federmörder zu spielen, und den Nebenwohner (17/1973 West, 14/1951 Ost) in Frieden zu lassen.

Der *Nebenwohner* ist, wie ich finde, ein ganz wunderbares Wort, denn es bedeutet nicht nur Nachbar, sondern bezeichnete in früheren Zeiten auch die Menschen, *»die auf demselben breiten- und parallelkreise der erde, aber um 180° auseinander wohnen.«* Ferner gab es noch die *»Gegenfüssler* oder (griech.) *Antipoden«,* so hießen *»diejenigen Bewohner der Erde, welche so gegeneinander leben, daß sie aufrecht stehend die Füße einander entgegenkehren.«*

Von den *Gegenfüßlern* zu unterscheiden sind die *»Gegenwohner. Man nennt so diejenigen Menschen, deren Wohnorte gleiche geographische Länge, aber entgegengesetzte Breite haben, d.h. die unter demselben Meridian liegen, aber so, daß der eine so weit vom Nordpol als der andere vom Südpole entfernt ist. Die Gegenwohner haben zugleich Mittag, während die Jahreszeiten bei ihnen entgegengesetzt sind.«*

Auch falls man diese alten, dem Brockhaus Bilder-Conversations-Lexikon des Jahres 1838 und einem Handbuch der praktischen Seemannskunde aus dem Jahr 1846 entnommenen Einträge nicht auf Anhieb versteht, man ahnt, es steckt doch ein wenig der Gedanke *»alle Menschen sind Brüder«* in ihnen oder, zumindest an der Oberfläche, etwas die Menschen miteinander Verbindendes und somit etwas Friedlich-Behagliches. Was mich zu dem nächsten gestrichenen Duden-Wort führt und zurück zum Zeitungswesen, dessen Aufgabe nicht nur in der Verbreitung wichtiger Nachrichten bestand und besteht, sondern auch in der Darbietung von Themen wie Kunst, Literatur, Musik oder Unterhaltung im Allgemeinen. Man denke nur an »Das Morgenblatt für gebildete Stände«.

Bei der Suche nach Informationen und Textquellen zu dem Wort Nipptisch (12/1941) bin ich auf ein Wohn- und Einrichtungsmagazin aus dem Jahr 1892 gestoßen. Es hieß »Illustrirte kunstgewerbliche Zeitschrift für Innen-Dekoration« und enthielt einen schönen Artikel unter der Überschrift *»Der Nipptisch und seine Bevölkerung«.* Der Text beginnt mit den Worten:

> *Der Titel versetzt uns in das zarte Boudoir eines*
> *holden weiblichen Wesens oder auch in das Ka-*
> *binet eines verwöhnten jungen Mannes, der vom*
> *Ernst des Lebens noch nicht derart erfaßt wor-*
> *den ist, daß er darüber die fast in jedem Men-*
> *schen schlummernde Sammelwuth kleiner »Ku-*
> *riositäten«, Spezialitäten, sagen wir schlankweg*
> *- kleiner Nipp-Sachen - abgelegt hätte.*

Und dann wird ausgeführt, dass es in jedem Menschendasein eine Zeit gäbe, wo der Mensch zum Sammler solcher Objekte werde und als *Ablagerungsplatz* einen *Nipptisch* benötige. Beschrieben werden in dem Artikel weiter die zierlichen Füße, die grazile Form, die Perlmutteinlage der Tischplatte und was Frau dort ablegt und was Mann. Und es wird darauf hingewiesen, dass ein *Nipptisch* seine Wirkung nur dann entfalten kann, wenn er wie zufällig im Raume steht und die den *Nipptisch* bevölkernden Gegenstände nonchalant und in künstlerischer Unordnung drapiert werden. Der *Nipptisch* ist ein ganz und gar überflüssiger Ort, ein Ort des Wohlstands, den einzurichten man in der Lage ist, wenn einem Nahrungssorgen[1] (12/1941) fern sind, keine *Nebenwohner* einen peinigen und wenn kein Angstmann (15/1961 West, 14/1951 Ost), aus welchen Gründen auch immer, danach trachtet, einen zum Schafott zu führen.

Heute, da die Todesstrafe bei uns abgeschafft ist, mag einem die Person des Henkers noch einen leichten Schauder verursachen, doch aus der Alltagssprache sind die zahlreichen Wörter, die es für den Scharfrichter oder *Angstmann* früher gab, verschwunden, so wie der *Angstmann* 1961 aus dem West-Duden. *Nachrichter, Frei-*

---

1 Das Wort *Nahrungssorge* wurde 1941, also während des Nationalsozialismus, gestrichen. An die Stelle der Zusammensetzungen *Nahrungsmittel* und *Nahrungssorge* (11/1934) traten in der 12. Auflage von 1941 die *Nahrungsfreiheit* (»Sicherung des Bedarfs an Lebensmitteln aus der eigenen Volkswirtschaft«) und der *Nährwert*.

mann, Hauptkassier, Abkürzer, Hangdieb wurde er auch genannt. Und war der Delinquent gehenkt, wurde er womöglich im Nasenquetscher (11/1934) zum Gottesacker geschafft und im kleinen Kreise beerdigt. *Nasenquetscher* wurde im Volksmund nicht nur die auf die Nase geklemmte Sehhilfe genannt, sondern auch ein besonders schmuckloser Sarg, der für die Beerdigung von Mittellosen oder auch Selbstmördern verwendet wurde. In seinem literarischen Großstadtbild Berlins, »Berlin - Panorama einer Residenzstadt«, schildert Karl Gutzkow in einem mit der Kapitelüberschrift »Eine nächtliche Unterkunft« und der Jahreszahl 1870 versehenen Text eine Episode, in der ein *Nasenquetscher* eine Rolle spielt:

> *Vorsichtig nähert er sich dem Leichenwagen ... Bist du heute wieder da, alter Freund -? Hat dich Charon heute Nacht nicht nötig, um vom Türmchen im Voigtland eine Leiche auf die Anatomie zu fahren -? Schont der Leichenkommissarius seine Gäule, wenn er sie erst hier einspannt, um einen Armen im Nasenquetscher auf Saturns großes Brach- und Nivellierungsfeld, auf den Friedhof, zu fahren -? ... Und husch -! Die verwitterte Gestalt, herabgekommen wie der Apotheker von Mantua, der an Romeo Gift verkaufte, weil die Geschäfte der üblichen Pharmakopoe so schlecht gingen, hebt die Vorhangsfetzen des Wagens auf und schiebt sich langsam hinein in ein damaliges - Asyl für Obdachlose.*

Dort schlummert er dann, der Obdachlose. Nafzen (11/1934) wurde das Einnicken oder Einschlafen früher auch genannt, und weil der Obdachlose in einem Gefährt nächtigt, das eigentlich die Toten zum Gottesacker fährt, sei angemerkt, dass das Wort *nafzen* auch in der ersten protestantischen Vollbibel, der Wormser Bibel aus dem Jahr 1529, Verwendung fand. Sie erschien somit fünf Jahre vor der Lutherbibel, in der das Wort *nafzen*, da regionalsprachlich, nicht, aber *schlummern* achtmal vorkommt.

Luther war, und so kommen wir zum vorletzten der ausgewählten Wörter, ein Befürworter der Hexenverfolgungen. Er glaubte fest an die Existenz von Hexen und forderte öffentlich zu ihrer Tötung auf. Wettermacherinnen (16/1967 West, 14/1951 Ost) wurden sie auch genannt, und was ihnen widerfuhr, lässt sich wohl am trefflichsten in Wilhelm Gottlieb Soldans »Geschichte der Hexenprozesse« aus dem Jahr 1843 nachlesen. Aber die dort zu findenden Schilderungen sind mitunter so schrecklich, dass ich Ihnen Zitate daraus erspare. Und so komme ich mit Luther nun zum letzten Begriff meiner Wortauswahl, zum Neujährchen (12/1941).

Martin Luther ließ, so ist es auf »Wikipedia« zu lesen, »*das Jahr der reformatorischen Kirche mit dem 25. Dezember beginnen und wollte den 1. Januar nur als Tag der Beschneidung und Namensgebung des Herrn gefeiert*« wissen. Im katholischen Rheinland, wo das *Neujährchen* bis heute sehr populär ist (und hat man bei dem Klang des Wortes nicht direkt den rheinischen Singsang im Ohr?), waren den Menschen Luthers Ideen eher einerlei, und wie beim Karneval scheuten sie sich nicht, christliche und heidnische Traditionen miteinander zu vermischen. Das bis heute zum Neujahr gerne verschenkte *Neujährchen* ist ein schneckenförmig aufgerolltes und kreuzweise übereinandergelegtes Hefegebäck, das die Sonnenscheibe und damit die Wiederkehr des Lichts symbolisiert. *Neujährchen* heißen aber auch die Trinkgelder, die man zum Jahresanfang den Postboten oder Müllmännern (pardon: Fachkräften für Kreislauf- und Abfallwirtschaft) in die Hand drückt.

Eine Auswahl
gestrichener Wörter

Auflage / Jahr	
10/1929	Meidinger *allbekannte Anekdote; nach dem Lehrbuchautor J. V. Meidinger, der solche Anekdoten als Übersetzungsbeispiele zeigte*
10/1929	Neuerungskitzel
10/1929	Notizenkram
11/1934	Broom, Brougham *vierrädrige Kutsche*
11/1934	nafzen *einschlummern*
11/1934	Nasenquetscher *Brille, Kneifer; auch: Sarg mit flachem Deckel*
11/1934	Niftel *Nichte*
11/1934	nüffen *mundartlich für: kritteln,* Nüffer
11/1934	Nupturient *Heiratswilliger*
12/1941	Büre *Bettbezug*
12/1941	Nahrungssorge
12/1941	Napfdeckel
12/1941	Nestküchlein *»Nestküken«, jüngstes Kind einer Familie*
12/1941	Neujährchen *Gebäck*
12/1941	Nipptisch *Tisch mit Nippes, kleinen Figuren o. Ä.*
14/1954[w] 14/1951[o]	drollicht *drollig*
14/1954[w] 17/1976[o]	Gebreit *dichterisch für: Acker, Feld*
14/1954[w] 18/1985[o]	Söhnerin *südwestdeutsch für: Schwiegertochter*
15/1961[w] 18/1985[o]	älteln *alt werden*
15/1961[w] 14/1951[o]	Angstmann *Henker*
15/1961[w] 18/1985[o]	Hupfauf, Hüpfauf *Tanz; Kinderspielzeug*
15/1961[w] 16/1967[o]	obsten *Obst ernten*

15/1961[w] 16/1967[o] Sorgho-
besen *Strohbesen, gefer-*
tigt aus Faserhirse

15/1961[w] 16/1967[o] Temperenz-
gesellschaft[1] *Tempe-*
renzverein, Verein der
Gegner des Alkoholmiss-
brauchs

15/1961[w] 16/1967[o] Wehleid

16/1967[w] 16/1967[o] Glockenist
Glockenspieler

16/1967[w] nie v.[o] Uhrschlüssel
Schlüssel zum Aufziehen
einer mechanischen Uhr

16/1967[w] 14/1951[o] Weltling
weltlich Gesinnter

16/1967[w] 14/1951[o] Wetter-
macherin *Hexe*

17/1973[w] 14/1951[o] Nebenwohner *Nachbar*

18/1980[w] 17/1976[o] bevettern
wie einen Vetter, vertrau-
lich behandeln

18/1980[w] 14/1951[o] Nachkind
nach einem bestimmten
Ereignis, z. B. einer erneu-
ten Eheschließung, gebo-
renes Kind

18/1980[w] 18/1985[o] Narrentei-
ding *Narrenpossen*

18/1980[w] 18/1985[o] Salben-
büchse, salben-
duftend

18/1980[w] 18/1985[o] Schnapp-
sack *Rucksack, Ranzen,*
Provianttasche

18/1980[w] 16/1967[o] tränig
voller Tränen

18/1980[w] nie v.[o] abgemattet
müde, matt

---

1 Seit der 17. West-Auflage (1973) findet sich der *Temperenzverein* im Duden.

18/1980ᵂ nie v.° Altmiete *Miete für eine Altbauwohnung*	19/1986ᵂ nie v.° Namendeutung
19/1986ᵂ nie v.° abparken *die von einem Vorgänger an einer Parkuhr bezahlte, aber noch nicht ganz verbrauchte Parkzeit ausnutzen*	20/1991 leckerhaft *lecker*
	20/1991 Nachtkastl *österreichisch umgangssprachlich für: Nachttisch*
	20/1991 Pelargonienbeet
19/1986ᵂ immer v.° Ahnenbild	22/2000 hunzen *wie einen Hund behandeln, beschimpfen*
19/1986ᵂ 18/1985° aufschürzen *hochraffen, z. B. einen Rock*	22/2000 lediggehend *aus beruflichen Gründen vorübergehend getrennt lebend*
19/1986ᵂ 14/1951° Koh-i-noor®, Kohinur[2] *Bleistift der Firma Koh-i-Noor Hardtmuth, benannt nach dem indischen Koh-i-Noor-Diamanten, persisch für »Berg des Lichts«*	22/2000 Lenztag *Frühlingstag*
	22/2000 Weiherede *bei einer Einweihung gehaltene Rede*
	25/2009 Auskehricht *Kehricht*
	25/2009 Eingesandt *Leserzuschrift*

2 Von der 19. West-Auflage (1986) bis einschließlich zur 21. Auflage (1996) findet sich nur noch der Eintrag *Kohinoor, Kohinur* für den Diamanten. Dieser war auch im Ost-Duden verzeichnet.

25/2009	Federbüchse
	Büchse zum Aufbewahren
	von Füllfedern
25/2009	Freite *Brautschau*
25/2009	Funeralien *Trauerfeier*
25/2009	Jahrweiser *Kalender*
25/2009	kandidel *norddeutsch*
	für: heiter, lustig
25/2009	Kapuzinade
	Kapuzinerpredigt,
	Strafrede
25/2009	Klippkram *Trödel-,*
	Kleinkram
25/2009	Leilach, Leilak *nord-*
	deutsch für: Leintuch
25/2009	Magdtum
	Jungfräulichkeit
25/2009	Mutgeld *Abgabe, die ein*
	Geselle dem Meister zahlt,
	bei dem er sein Meister-
	stück anfertigt
25/2009	rinkeln *schnallen*

25/2009	schnakig
	norddeutsch für:
	lustig, drollig
25/2009	schwalchen
	qualmen, rußen
25/2009	Schwesterkind
	Nichte oder Neffe
26/2013	halbschürig
	minderwertig
27/2017	Montagsausgabe
	montags erscheinende
	Ausgabe einer Zeitung
	o. Ä.

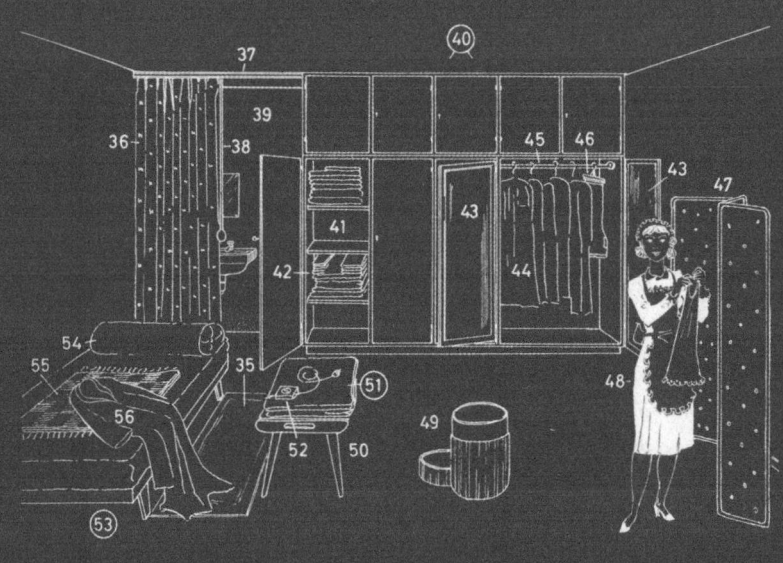

Menschenrechte haben
kein Geschlecht

Sozialgeschichte

Die über alle Dudenauflagen hinweg gestrichenen Wörter lassen sich mal mehr, mal weniger eindeutig in Wort- und Themengruppen fassen. Manche Texte, wie die über den Einheitsduden oder den NS-Wortschatz, ergeben sich zwingend und wie von selbst. Auch die zahlreichen gestrichenen Wörter aus den Bereichen Wirtschaft, Technik, Kunst und Kultur oder Familie und Alltag lassen sich thematisch leicht zuordnen. Auf andere Themen stößt man hingegen erst auf den zweiten Blick, und es dauert eine Weile, bis sich jenseits der offensichtlichen Kategorien andere Zusammenhänge auftun. Wenn sich aber die Bedeutung und Herkunft eines einzelnen Wortes nach und nach mit denen anderer gestrichener Lemmata verbindet - nicht nur in semantischer oder etymologischer Hinsicht, sondern auch zeit- und kulturgeschichtlich oder rein assoziativ -, beginnen die Wörter zu klingen und sie halten eine Erzählung für einen bereit. So auch bei diesen sechs Substantiven.

Bluestocking   Lorette   Monsterpetition
Frauenschaft   Frauenhaftigkeit   Arztfrau

Man errät sogleich, es geht eindeutig um Frauen, um das weibliche Geschlecht, wie man früher gesagt hätte, und wenn man das Wort

Bluestocking (Blaustrumpf) (10/1929)[1] und seine Bedeutung zufällig kennt, weiß man, es geht auch um den Geschlechterkampf, um die Gleichstellung von Frau und Mann. Im »Deutschen Sprichwörter-Lexikon« von Karl Friedrich Wilhelm Wander aus dem Jahr 1880 ist über den Blaustrumpf zu lesen:

> *Mit dem Ausdruck Blaustrumpf bezeichnet man nach Körte (Nr. 642) in Nürnberg einen Verräther. Es ist auch ein englischer Spottname auf gelehrte Frauenzimmer, deren federgeübte Finger nicht dazu kommen können, Strümpfe zu waschen, weshalb jene Damen angeblich blaue Strümpfe tragen sollen, um den Schmuz zu verbergen. Darauf anspielend, schrieb einmal Byron in sein Tagebuch: »Morgen Einladung bei der blauen Miss** (Vgl. Börnes Briefe aus Paris, 47, Brief.),*

und weiter:

> *[...]*2. Ein politischer Blaustrumpf: In Nordamerika eine Frau, die in öffentlichen Versammlungen als Sprecherin auftritt, und sich an den Fragen der Politik betheiligt. Der politische Blaustrumpf findet sich auch in der alten Welt, allein nur vereinzelt und im Verborgenen. In Amerika tritt das schwächere Geschlecht mit seiner politischen Farbe offen auf.*

Der Blaustrumpf als Synonym für das verspannte Frauenzimmer, das gegen den ihm von Natur aus zugewiesenen Platz aufbegehrt und sich, wenn nicht in Gefahr, so doch zumindest der Lächerlichkeit preisgibt, hat natürlich rasch auch - nachdem der Begriff in der Welt war - Einzug in die Literatur und das Feuilleton gefunden. Besonders pointiert hat Honoré de Balzac in »Physiologie der Ehe

---

1   In der deutschen Übersetzung - »Blaustrumpf (*veraltend scherzhaft für* intellektuelle Frau)« - steht das Wort bis heute im Duden.

- Eklektisch-philosophische Meditationen über Glück und Unglück
der Ehe« darüber geschrieben, denn sein Spott richtet sich nicht
zuvorderst gegen die Frauen, sondern gegen den Mann und seine
mit dieser Entwicklung verbundenen Ängste:

> *Sollen die Frauen eine wissenschaftliche Bildung erhalten
> oder nicht – das ist die Frage. [...] Zurück mit der Zivilisa-
> tion! Zurück mit dem Gedanken! – so rufst du. Bildung muß
> dir an Frauen etwas Greuliches sein, und zwar aus dem in
> Spanien so deutlich erkannten Grunde, daß es leichter ist,
> ein Volk von Idioten zu regieren, als ein Volk von Gelehrten.
> [...] Nun wissen wir ja, daß bei dir in diesem Augenblick die
> Liebe schon einen Fuß auf die Fensterbank gesetzt hat. Du
> mußt also durchaus die heilsamen, strengen Maßregeln an-
> wenden, durch die Herr von Metternich seinen Status quo
> aufrechterhält; aber wir raten dir, sie mit noch größerer
> Feinheit und Liebenswürdigkeit zur Anwendung zu brin-
> gen; denn deine Frau ist schlauer, als alle Deutschen zu-
> sammengenommen, und ebenso wollüstig wie die Italiener.*

> *Du wirst also versuchen, den verhängnisvollen Augenblick,
> wo deine Frau dich um ein Buch bitten wird, so weit wie
> möglich hinauszuschieben. Das wird für dich ein leichtes
> sein. Zunächst wirst du in verächtlichem Ton das Wort
> Blaustrumpf aussprechen; wenn sie dich um eine Erklä-
> rung bittet, setzest du ihr auseinander, wie lächerlich bei
> unsern Nachbarn die pedantischen Frauen sind.*

> *Dann wirst du ihr recht oft wiederholen, daß die liebens-
> würdigsten und geistreichsten Frauen von der Welt in Paris
> seien, wo die Frauen niemals lesen. [...] Die Frauen seien
> schöne Spiegel, die ganz natürlicherweise die glänzendsten
> Ideen am glänzendsten zurückwerfen müßten. Der natür-*

*liche Geist sei die ganze Hauptsache, und man lerne viel
mehr aus dem, was man in der Gesellschaft höre, als aus
dem, was man in den Büchern lese; schließlich bekomme
man vom Lesen blöde Augen - usw. usw.*

*Einer Frau die Freiheit lassen, alle jene Bücher zu lesen, zu
denen ihre Geistesanlage sie hinzieht - das heißt ja geradezu einen Funken in eine Pulverkammer werfen; ja, schlim-
mer noch als das: das heißt deine Frau lehren, sich ohne
dich zu behelfen, in einer Welt der Einbildung, in einem
Paradiese zu leben. Denn was lesen die Frauen? Leiden-
schafterfüllte Bücher, Rousseaus Bekenntnisse, Romane
und alle jene Dichterwerke, die am mächtigsten auf ihre
Empfindsamkeit wirken.*

Aber es half alles nichts. Die Frauen begannen zu lesen und sich zu
bilden und in ihrer *Not* wandten sich die Männer des französischen
Bürgertums einem anderen Frauentyp zu: der Lorette (10/1929).
Benannt nach dem unweit der Kirche Notre-Dame de Lorette gelegenen Pariser Prostituiertenviertel, bezeichnete der Begriff *Lorette*
nicht nur die dort arbeitenden Frauen, sondern auch die durch die
neue Vorliebe der Männer provozierte Gegenreaktion von Teilen des
weiblichen Bürgertums und der Aristokratie. Die deutsche Feminis-
tin, Publizistin und Schriftstellerin Hedwig Dohm schrieb dazu in
ihrer 1876 erschienenen Abhandlung »Der Frauen Natur und Recht«:

*Unter der Regierung des letzten Napoleon [gemeint ist Na-
poleon III., Anmerkung des Verfassers] haben wir staunend
mitangesehen, wie die Damen der höchsten Aristokratie in
Kleidung, Haltung und Gebahren die Loretten copirten. Die
Männer der höheren Gesellschaftskreise hatten begonnen,
sich ausschließlich dieser Frauenklasse zuzuwenden. Was
blieb den Damen der Gesellschaft übrig? Sie lockten die Un-*

*getreuen zurück, indem sie ihnen zuriefen: »Auch wir sind
Loretten.«*

*Warum dem größeren Theil der Männer Geist und Charak-
ter bei einer Frau unangenehm sind, liegt auf der Hand. Ich
hörte einmal wie ein junger Mann von einer Dame sagte:
»Ich kann diese Frau nicht leiden.« Warum nicht? – fragte
man ihn – weil sie nicht jung und nicht hübsch ist? »Das
ist es nicht, ich komme mir immer ihr gegenüber so dumm
vor.«*

Die Männer des 19. und 20. Jahrhunderts haben viel unternommen,
um den Freiheitsdrang der Frauen zu unterdrücken und dazu war
ihnen beinahe jedes Mittel recht. Und die Frauen griffen ihrerseits
zu sehr fantasievollen und mitunter radikalen Praktiken, um sich
dem Diktat des Patriarchats zu widersetzen. Mutige Frauen wie
etwa Emily Davison machten zusehends von sich reden. Sie wurde
zu einer frühen Märtyrerin der Frauenbewegung, als sie am 4. Juni
1913 während des Epsomderbys und unter den Augen von König
Georg V. die Rennbahn in dem Moment betrat, als eines seiner am
Wettkampf teilnehmenden Pferde im Galopp angerannt kam. Und
während sie laut »Suffrage« (Wahlrecht) rief, wurde sie von dem
Tier erfasst und schwer verletzt. Sie starb vier Tage später und der
darauffolgende Trauermarsch durch London geriet zur machtvol-
len Demonstration, der viele Tausend Frauen beiwohnten.

Etwa zwanzig Jahre früher, 1891, gingen die Frauen in Australien für ihr Wahlrecht auf die Straße und sammelten Unter-
schriften für eine Petition. Die unter dem Namen Monsterpetition (11/1934) in die Geschichte eingegangene Kampagne wurde
von über 30.000 Menschen unterschrieben. Sie hinterließen ihre
Unterschrift auf einer 260 Meter langen und 20 Zentimeter breiten
mit Leinenstoff kaschierten Papierrolle und so war 1901 Australien
schließlich die erste Nation der Welt, die den Frauen sowohl das

passive als auch das aktive Wahlrecht zusprach. In Deutschland dauerte das bis zum November 1918.

Misogynie wird in der Psychologie der krankhafte Hass von Männern gegenüber Frauen genannt. Eine Selbstdiagnose, die sich der Psychiater und Publizist Paul Julius Möbius, Autor des seinerzeit sehr erfolgreichen und spektakulär spekulativen Machwerks »Über den physiologischen Schwachsinn des Weibes«, nicht ausstellte.

Er fand heraus: »*Wichtige Gehirnteile des Weibes sind schlechter entwickelt*« und wies darauf hin, dass zu viel Gehirnaktivität das »*Weib nicht nur verkehrt, sondern auch krank*« mache. Außerdem hatte er anscheinend große Freude an dem Widerspruch, den sein Buch unter Aktivistinnen der Frauenbewegung hervorrief, denn er druckte in den Nachfolgeauflagen seines Werkes einige der Reaktionen ab. Darunter ein Antwortschreiben einer der damals bekanntesten Feministinnen in Deutschland: Minna Cauer. Er selbst oder sein Verlag hatte ein Exemplar von »Über den physiologischen Schwachsinn des Weibes« an die Redaktion der von Minna Cauer gegründeten Zeitung »Die Frauenbewegung« geschickt.

> *Die Redaktion der Frauenbewegung kann weder eine Anzeige noch eine Besprechung des uns übersandten Buches Möbius – Physiologischer Schwachsinn des Weibes bringen. Bis zum 23. Mai liegt es zur Abholung bereit. Eine gebührende Abfertigung erhielt das Buch von uns bereits in einer früheren Auflage. Wir bedauern, daß ein solches Buch, das nicht nur von Frauen, sondern auch von ernst denkenden Gelehrten verurteilt wird, überhaupt mehrere Auflagen erleben konnte.«*
> *Hochachtungsvoll*
> *M. Cauer.*
>
> *P. S. Gegen Einsendung des Portos folgt das Buch per Post zurück.*

Auch das Gedicht einer erbosten und anonymen Leserin ist dort abgedruckt. Es beginnt so:

Damengedicht an den Verfasser.

Ach wir armen, armen Frauen
Leiden ja am Schwachsinn sehr
Und - da Sies uns deutlich sagen
Fühlen wirs noch um so mehr.

Daß mit Irren und mit Kranken
Umgehen Sie bei Tag und Nacht
Hat zu Ihrem Buch gewißlich
Sie befähigt sehr gemacht.

Außer diesen ist die Köchin
Wohl »Ihr« einziger Verkehr
Und auch diese kann nicht kochen
Männer könnens ja vielmehr!

Reißet, reißet Eure Strümpfe,
Herrn der Schöpfung all entzwei
Unser einziges Glück und Können
Ist zu stricken sie Euch neu.

Ich auch finde stets vortrefflich
Was gesagt wird und gemacht
Darum hab' ob Ihres Buches
Wie ein Kind ich auch gelacht.

Gegenwehr kam zudem von Hedwig Dohm, die mit ihrem Buch »Die Antifeministen - ein Buch der Verteidigung« den Antifeministen sowie ihren Kritikern die Stirn bot. Von Hedwig Dohm stammt auch das Zitat »Menschenrechte haben kein Geschlecht« und man kann die soeben geschilderte Episode amüsant finden, man sollte aber ebenso erkennen, wie widerlich sie eigentlich ist, denn was Möbius tat, war nichts anderes als das, was auch die Pseudowissenschaftler der Rassenlehre getan haben: Unrecht und Gewalt durch ihre »Forschung« wissenschaftlich zu legitimieren.

Dass die Abneigung gegen Frauen nicht immer in Hass umschlagen muss, sondern auch sehr harmlos sein kann, hat Goethe in seinen »Autobiographischen Schriften« geschildert. Über seinen Universitätslehrer Johann Daniel Schöpflin schrieb er:

> *man begriffe kaum, wo er alle zeit hergenommen,*
> *wüsten wir nicht, dasz eine abneigung gegen frauen*
> *ihn durch sein ganzes leben begleitet, wodurch er so*
> *manche tage und stunden gewann, welche von frauen-*
> *haft gesinnten glücklich vergeudet werden.*

Die Frauenhaftigkeit (17/1973 West, 14/1951 Ost) ist also schon ein recht alter Begriff und das Wort klingt auch behäbig und aus der Zeit gefallen. Mitunter aber erleben gerade Wörter mit altertümlichem Klang eine Renaissance. Besonders die Nationalsozialisten bedienten sich ihrer gerne. Der seit dem Mittelalter bekannte Begriff *Muttertum* war ein solches Wort, aber auch die *Frauenschaft*.

Die Frauenschaft kam in der 11. Auflage (1934) in den Duden. Es folgte in der 12. Auflage (1941) die NS-Frauenschaft als Bezeichnung für den Dachverband der nationalsozialistischen Frauenorganisationen. (Beide entfielen in der 13. Auflage von 1947.) Am 18. März 1933 eröffnete Joseph Goebbels die Berliner Ausstellung »Die Frau« mit den Worten:

> *Zu allen Zeiten ist die Frau nicht nur die Geschlechts-,*
> *sondern auch die Arbeitskameradin des Mannes ge-*
> *wesen. So wie sie dem Manne in den frühesten Zeiten*

*Genossin war bei der harten Arbeit auf dem Felde, so
ist sie mit ihm in die Städte gezogen; ist sie mit ihm in
die Kontore und in die Fabrikräume hineingegangen;
hat Anteil genommen an seiner Arbeit. [...] Auch heute
bedeutet die Frau im öffentlichen Leben nichts anderes
als zu anderen Zeiten. Niemand, der die moderne Zeit
versteht, wird den aberwitzigen Gedanken fassen können, die Frau aus dem öffentlichen Leben, aus Arbeit,
Beruf und Broterwerb herausdrängen zu wollen. Aber
es darf dabei nicht ungesagt bleiben, daß Dinge, die
dem Mann gehören, auch dem Mann bleiben müssen.
Und dazu gehört die Politik und die Wehr. Das ist kein
absprechendes Urteil über die Frau, sondern nur ein
Verweisen ihrer Fähigkeiten und Anlagen in die Gebiete der Arbeit und der Betätigung, die ihrem Wesen am
nächsten entsprechen. Hier beginnt die neue deutsche
Frauenbewegung. Hat die Nation wieder Mütter, die
sich frei und mit Stolz zum Muttertum bekennen, dann
kann sie nicht verderben.*

Mit dem Wiedererstarken der politischen Rechten ist auch dieses
Frauenbild in Teilen wiederauferstanden: Die Frau gehört schlicht
an den Herd und entstammt sie der gehobenen Mittelschicht, darf
sie beispielsweise zusätzlich als Arztfrau (18/1980 West, 16/1967
Ost) den Sternenstaub der akademischen Weihen des Herrn Ge-
mahls im Titel tragen.

Sex sells

Sexualität und Gesellschaft

»Die Langeweile des Volkes erzeugt ein enormes Maß an lüsterner Neugier«, schrieb der Psychoanalytiker und Sexualwissenschaftler Wilhelm Reich 1936 in seinem Buch »Die Sexualität im Kulturkampf«, das in Kopenhagen erschien, aber erst nach dem Krieg und unter dem neuen Titel: »Die Sexuelle Revolution« in der westlichen Welt für Aufsehen sorgte.

Anfang der Sechzigerjahre kursierte das Buch in Deutschland zunächst als Raubdruck, der in Studentenkreisen herumgereicht wurde, ab 1966 war es dann regulär im Buchhandel erhältlich. Es wurde Namensgeber für eine Epoche, in der im Zuge der 68er-Bewegung eine ganze Generation davon träumte, die Fesseln der gängigen Sexualmoral und die Prüderie der Fünfzigerjahre zu überwinden.

Davon träumte zur gleichen Zeit auch eine zierliche 43-jährige Frau in der norddeutschen Provinz. Doch ihr Traum bestand nicht darin, Wilhelm Reich, Marcuse, Horkheimer oder Adorno zu lesen und nach Berlin zu ziehen, um in der Hauptstadt der freien Liebe sich selbst zu finden, das überließ sie der sogenannten progressiven Jugend und den Kommunarden. Sie blieb in Flensburg und eröffnete stattdessen kurz vor Weihnachten 1962 in einem Ladenlokal in der Angelburger Straße ihr »Fachgeschäft für Ehehygiene«. Ihr Laden war in drei Bereiche gegliedert: eine Buchhandlung mit etwa 200 Titeln zum Thema Aufklärung, eine Abteilung für den Verkauf von Hygiene-Artikeln und einen Beratungsraum. Es war der erste Sexshop der Welt. Nach einem Jahr zog Beate Uhse Bilanz. Ihr Geschäft hatte Gewinn abgeworfen und deshalb eröffnete sie eine zweite Sexboutique (gestrichen aus der 22. Auflage von 2000, während der *Sexshop* als Lemma bis heute erhalten blieb) in Hamburg. Und weil auch die sehr gut lief, kamen Läden in allen großen Städten Deutschlands hinzu. Die von der Presse als »*Liebesdienerin der Nation*« (Die Zeit) oder »*Mutter der Erotik-Heimwerker*« (Süddeutsche Zeitung) titulierte Unternehmerin und ehemalige Stunt-Frau surfte überaus erfolgreich auf der Sexwelle, die das ganze Land erfasst hatte. Zeitschriften wie »Quick« entfachten »Oben-ohne-Eklats«, die Ratgeber des »Aufklärers der Nation«, Oswalt Kolle, und Erotik-Romane stürmten die Buchcharts, und als 1973 das Sexualstrafrecht liberalisiert wurde, war auch der Weg frei für die Eröffnung erster Sexkinos. Der bekannte Fernsehpfarrer Adolf Sommerauer forderte: »*Schluss mit dem Sexrummel*« und sendete Untergangsszenarien in die deutschen Wohnzimmer, ein Heer von »weibertollen« und mannstollen Sündern schicke sich an, das ganze Land in ein Sündenbabel zu verwandeln – das Ende sei nah.

Die Aufregung hat sich vor sehr langer Zeit gelegt, obwohl die Sexualisierung des Alltags kontinuierlich voranschreitet. In der öffentlichen Diskussion geht es nun weniger um die Sexualmoral, sondern um sexuelle Gleichberechtigung und Sexismus und das hat Einfluss auf unsere Alltagssprache. Selbst die Boulevard-Presse, deren in die Öffentlichkeit getragenes Frauenbild nach wie vor oft hanebüchen ist, verabschiedet sich zunehmend von ihrem chauvinistischen Vokabular und in den anspruchsvolleren Medien ist der Busenstar (22/2000) häufig nur noch in Anführungszeichen zu finden, was auch für die weiterhin im Duden aufgeführte *Sexbombe (umgangssprachlich – Frau mit starkem sexuellem Reiz)* und das 2017 neu aufgenommene *Busenwunder (umgangssprachlich – Frau mit einem außergewöhnlich großen, schönen Busen [den sie offen zur Schau trägt])* gilt.

Wer den »Duden« aufschlägt, findet auch einen anderen Frauentypus weiterhin vertreten, obwohl auch sein Wesen sich hauptsächlich aus Männerfantasien speist und die erotische Komponente charakterbildend ist: die *Femme fatale*. Im Duden heißt es: »*charmante Frau, die durch Extravaganz o. Ä. ihrem Partner zum Verhängnis wird.*« Der Inbegriff der Femme fatale war Marlene Dietrich. Und eine ihrer Paraderollen spielte sie 1948 in Billy Wilders Film »A Foreign Affair«: Im »Lexikon des Internationalen Films« ist darüber zu lesen:

> *Die Dreiecksgeschichte zwischen einer deutschen Nachtclubsängerin, einem US-Besatzungsoffizier und einer spröden amerikanischen Kongreßabgeordneten im Berlin der ersten Nachkriegsjahre, inszeniert als frivol-ironisches Wechselspiel zwischen Moral und Unmoral, das Billy Wilder mit seinem ›Komödien-Touch‹ wirkungsvoll überzogen hat.*

Die Blütezeit der Femme fatale in Literatur und Film liegt eine Weile zurück, aber dieses Lehnwort wird der deutschen Sprache im Gegensatz zum *Busenstar* und der *Sexbombe*, das wage ich zu prognostizieren, dauerhaft erhalten bleiben, denn die Femme fatale ist vor allem eine Fantasiefigur und keine auf Körpermerkmale reduzierte Beleidigung.

Zwei andere Wörter, die nicht mehr im »Duden« stehen, Tanzgirl (11/1934)[1] und Taxigirl (16/1967 West), haben wenig mit der Femme fatale, aber viel mit dem Deutschland der Vorkriegs- und Nachkriegszeit zu tun. Darüber, warum das *Tanzgirl* ein Jahr nach der Machtübernahme der Nationalsozialisten gestrichen wurde, kann man nur spekulieren. Eine mögliche Erklärung könnte sein,

---

1   Wieder aufgenommen wurde das *Tanzgirl* in der 15. Auflage (1961) West, endgültig gestrichen wurde es in der 22. Auflage (2000). Im Ost-Duden war es, wie auch das *Taxigirl,* nie verzeichnet.

dass es sich um ein Phänomen und einen damals neuen Frauentyp
handelte, der aus England und Amerika kommend in Deutschland populär geworden war und der nicht ins neue Frauenbild
der Nationalsozialisten passte. Die *Tanzgirls* waren Revue-Tänze-
rinnen, die in aufwendig choreografierten Shows von Varietéthea-
tern auftraten. Eine der erfolgreichsten Tanzgruppen waren die
Tiller Girls. Im Mittelpunkt der Revuen standen zwar die Körper
der Frauen, aber nicht der einzelne Frauenkörper, sondern das Zu-
sammenspiel unzähliger Arme, Beine und Hüften. Der Journalist
und Soziologe Siegfried Kracauer umschrieb das so:

> *Mit den Tiller Girls hat es begonnen. Diese Produkte der
> amerikanischen Zerstreuungsfabriken sind keine einzelnen
> Mädchen mehr, sondern unauflösliche Mädchenkomplexe,
> deren Bewegungen mathematische Demonstrationen sind.*

Der Chefredakteur der Tageszeitung »B. Z. am Mittag«, Gustav Kauder, schrieb 1926:

> *Was ein ›Girl‹ ist, weiß heute jeder Mensch. Kein Varieté,
> keine Operette, kein Kabarett, keine Revue, kein Film ohne
> Girls. [...] und illustrierte Zeitungen der ganzen Welt sind
> angefüllt mit Girl-Bildern.*

Viele junge Frauen eiferten den *Tanzgirls* nach, denn die erfolgreichen unter ihnen, diejenigen, die es geschafft hatten, darauf wies
Kauder ebenfalls hin, genossen hohes Ansehen und verdienten
gutes Geld. Das Tanzen bot diesen jungen Frauen also milieuun-
abhängig Aufstiegsmöglichkeiten und war gesellschaftlich weitestgehend toleriert. Die *Taxigirls,* die nach dem Krieg und zur Zeit des
deutschen Fräuleinwunders in Deutschland ein Begriff wurden,
waren weniger gut angesehen. Auch sie waren Tänzerinnen, aber
sie traten nicht auf großer Bühne auf, sondern boten sich in ent-

sprechenden Tanzcafés Männern gegen Bezahlung zum Tanz an. Die öffentliche Meinung unterstellte ihnen, dass sie, ähnlich wie die ebenfalls schlecht beleumundeten Animierdamen, auch für weitere Dienste zur Verfügung standen.

Einem ehemaligen *Taxigirl*, June Edith Smith Mansfield, ist es übrigens zu verdanken, dass einer der meistgelesenen Autoren erotischer Literatur sein schriftstellerisches Talent entwickeln konnte: Smith Mansfield, die zweite Ehefrau von Henry Miller, ermunterte ihren Mann, seinen Job aufzugeben und sich dem Schreiben zu widmen. Sie unterstützte ihn finanziell und bezahlte 1928 und 1929 auch die mehrmonatigen Paris-Aufenthalte der beiden. Die dortigen Erlebnisse verarbeitete Miller in dem autobiografisch eingefärbten Roman »Stille Tage in Clichy«. Und die gemeinsame Zeit führte zu einem weiteren Klassiker der erotischen Literatur, zu Anaïs Nins intimem Tagebuch: »Henry, June und ich«, das die Dreiecksgeschichte von Miller, Nin und Smith Mansfield zum Thema hat.

»Die ganze Ästhetik in einer Nuß«

Savoyardenknabe

Kunst, Kultur, Religion

Erst wer über den eigenen Tellerrand hinausschaut, beginnt die Welt zu verstehen, heißt es. Manchmal aber ist der Ort der Erkenntnis der Tellerrand selbst. So war es bei dem Schriftsteller Christoph Ransmayr, der den langen Weg von der Buchstabensuppe zum Prosawerk anzutreten begann, als er als Kind irgendwann begriff, dass sich die Nudeln, in denen er zuvor Tiere oder ganze Tierkarawanen gesehen hatte, unversehens in das verwandelten, was sie waren, in Buchstaben, mit denen sich Worte formen ließen, und aus den Worten entstanden ganze Sätze, die die Welt in Sprache überführten. Diese Metamorphose stand am Anfang seines Erzählens. Diese Kindheitserinnerung ist schön. Aber war das Kind wirklich Subjekt des Handelns? Vielleicht war Ransmayrs Mutter abergläubisch und sie gab ihm bewusst die Weisheit mit Löffeln zu essen. Im »Handwörterbuch des deutschen Aberglaubens« sind etliche Fälle beschrieben. *»Die badische Mutter«*, steht dort beispielsweise, *»verhackt die großen und kleinen Buchstaben des Alphabets ganz fein mit einem Karfreitagsei und gibt es vor dem ersten Schulgang (bei Beginn des neuen Schuljahres an Ostern) dem Knaben zu essen.«* Die Vorstellung, Schrift zu essen, sei es herzhaft oder süß, und dann so zu verdauen, dass man danach schreiben und lesen kann oder das Erlernen zumindest leichter fällt, daran glaubte man durchaus.

Was Ransmayr die Buchstabensuppe - sie hat es, wie auch die Buchstabennudeln, im Übrigen leider nie in den Duden geschafft, anders als das Gebäck »Russischbrot«, was ich für eine falsche

Wahl halte - ist dem kleinen Mann die dort auch nicht aufgeführte »Kühlschrankpoesie«. Die Verliebten heften WÖRTER WIE KÜSSE ans Metall, später dann, wenn die Gefühle unter drei Schichten Alltag begraben sind, steht da noch: BROT, MILCH, SAFT BESORGEN. Andere merken früher, es war ein Fehlkauf. So wie ein namentlich nicht erwähnter Kunde des größten Onlinehändlers der Welt: *»Dachte es sind andere Wörter und sie wären bunter. Die wörter sind langweilig und Farblos. Halten gut an der Pinnwand aber befestigen kann man damit nichts. Bei uns liegen sie eher in der Schachtel.«*

Also besser selber Wörter erfinden, aber wie? Wie betreibt man sie am besten, die Neologie (19/1986 West, 16/1967 Ost), die Bildung neuer Wörter? Wer's etwas altertümlicher mag, dem sei Christoph Otto von Schönaich empfohlen. 1754 erschien von ihm eine Polemik in Buchform mit dem wundervollen Namen: »Die ganze Aesthetik in einer Nuß, oder Neologisches Wörterbuch - als ein sicherer Kunstgriff, in 24 Stunden ein geistvoller Dichter und Redner zu werden, und sich über alle schale und hirnlose Reimer zu schwingen«. Was für ein Versprechen.

> *Und zur Fiedel und Quinterne*
> *Sang er lauter neue Lieder,*
> *Leiche, Schwänke und Schanzunen,*
> *Bispel, Fabliaux und Sprüche,*
> *Daß der Frauen Herzen klopften,*
> *Die mit unverwandten Blicken*
> *Wie gebannt an seinem Munde*
> *Und den dunklen Augen hingen ...*

reimte doch recht konventionell der Butzenscheibendichter Julius Wolff im »Rattenfänger von Hameln« 1875.

Was soll es stattdessen sein? Ein deftiges Fabliau (10/1929), wie er meint, ein herber Mittelalterschwank also, oder lieber eine

Falstaffiade (11/1934)? Die Geschichte eines saufenden, fressen-den Möchtegerns, der, wie Falstaff in Shakespeares »Die lustigen Weiber von Windsor«, glaubt, sich alles ergaunern zu können? Von diesem Schlag ist auch Rameaus Neffe, der Held aus Diderots gleichnamigem philosophischen Dialog, den Goethe 1805 ins Deut-sche übersetzte. Aus der schlechten Gesellschaft, so weiß Rameau, lässt sich Vorteil ziehen und aus der Liederlichkeit ebenfalls. Im Park trifft er auf den Icherzähler, den Philosophen Diderot, und beide kommen ins Gespräch. Sie sprechen auch über Bücher, und Rameau berichtet über die, die er gelesen hat, und was er lernt von Figuren wie Harpagon (12/1941), dem Protagonisten aus Molières Komödie »Der Geizige«:

Ich   Was habt Ihr gelesen?

Er   Gelesen habe ich und lese und unaufhörlich lese ich
      wieder Theophrast, La Bruyère und Molière.

Ich   Das sind vortreffliche Bücher.

Er   Sie sind viel besser, als man denkt, aber wer versteht sie zu
      lesen?

Ich   Jedermann, nach dem Maß seines Geistes.

Er   Fast niemand. Könnt Ihr mir sagen, was man darin sucht?

Ich   Unterhaltung und Unterricht.

Er   Aber welchen Unterricht? denn darauf kommt es an.

Ich   Die Kenntnis seiner Pflichten, die Liebe der Tugend, den
      Haß des Lasters.

Er   Ich aber lerne daraus alles, was man tun soll und alles
      was man nicht sagen soll. Also, wenn ich den »Geizige«
      lese, so sage ich mir, sei geizig, wenn du willst, nimm dich
      aber in acht, wie ein Geiziger zu reden. Lese ich den
      »Tartuffe«, so sage ich mir, sei ein Heuchler wenn du willst,
      aber sprich nicht wie ein Heuchler. Behalte die Laster, die
      dir nützlich sind, aber bewahre dich vor dem Ton, vor den
      Äußerungen, die dich lächerlich machen würden. Und

dich vor diesem Ton, diesen Äußerungen zu bewahren,
mußt du sie kennen.

Nach diesen Regeln lebt Rameau. Ein schändliches Genie, für den die bürgerlichen Werte nichts zählen. Doch in der Verachtung, die man ihm deswegen entgegenbringt, liegt auch Bewunderung.

»Es ist ein bewährtes Sprichwort von altem Schrot und Korn, daß, wer da sucht, was er nicht soll, findet, was er nicht will und gleichermaßen, daß, wer andern eine Grube gräbt, selbst hineinfällt.« Dies sind die ersten Worte aus Giambattista Basiles Märchensammlung: »Das Pentameron (25/2009)«. Zehn Frauen, so die Rahmenhandlung der 1634 erschienenen Auswahl, die später von den Brüdern Grimm zusammenfassend im Anmerkungsband ihrer eigenen Märchenanthologie nacherzählt wurde, tragen sich fünf Tage lang gegenseitig je zehn Märchen vor. Einem wie Rameau ist mit der Moral der alten Volksmärchen nicht beizukommen. Die Lasterhaftigkeit und Verlogenheit, die sich Rameau bei den höheren Ständen abgeschaut hat, ist ihnen fremd. Als allegorische Anleitung für den auf- und abgeklärten Menschen taugen sie allenfalls noch in Kindertagen. Und die Odendichter (15/1957 Ost), im West-Duden nie verzeichnet) mit ihrer Gefühlslyrik, ihnen fehlte der Blick auf die große Welt gänzlich, sie wollten es weltfern. Sie verklärten sie wie die Genremaler die Schicksale der Savoyardenknaben (19/1986 West, 18/1985 Ost), die die Biedermeierstuben schmückten. In »Eckermanns Geprächen mit Goethe« schilderte dieser eine sich am 24. April 1830 zugetragene Begegnung mit einem der Kindermigranten, die von Savoyen aus gen Norden zum Betteln geschickt wurden.

Die hiesige Luft ist anmutig und wohltätig, das Wasser von süßlichem Geschmack. Beefsteaks habe ich seit Hamburg nicht so gute gegessen als hier; auch freue ich mich über das treffliche Weißbrot. Es ist Messe, und das Getreibe und Geleier und Gedudel auf der Straße geht vom Morgen bis spät in die Nacht. Ein Savoyardenknabe war mir merkwürdig, der eine Leier drehte und hinter sich einen Hund zog, auf welchem ein Affe ritt. Er pfiff und sang zu uns herauf und reizte uns lange, ihm etwas zu geben. Wir warfen ihm hinunter, mehr als er erwarten konnte, und ich dachte, er würde einen Blick des Dankes heraufsenden. Er tat aber nicht dergleichen, sondern steckte sein Geld ein und blickte sogleich nach anderen, die ihm geben sollten.

Erstaunlich, wie lebendig der Knabe einem vor Augen steht, wenn er nicht gemalt oder Gegenstand eines Gedichtes ist. Anstelle eines Hundes und eines Affen führten die Kinder häufig auch Murmeltiere mit sich. Dies, und dass Savoyardenknaben irgendwann nicht mehr nach Deutschland einreisen durften, habe ich aus überraschender Quelle: aus »Brehms Tierleben«, das ab 1863 in einzelnen Lieferungen beim »Bibliographischen Institut« verlegt wurde.

Die Römer nannten dieses Tier Alpenmaus, die Savoyarden nennen es Marmotta, die Engadiner Marmotella, die Deutschen, beide Namen umbildend, Murmeltier. In Bern heißt es Murmeli, in Wallis Murmentli und Mistbelleri, in Graubünden Marbetle oder Murbentle, in Glarus Munk.

Gegenwärtig ist uns Mitteldeutschen das Tier entfremdeter geworden, als es früher war. Die armen Savoyardenknaben dürfen nicht mehr wandern, während sie vormals bis zu uns und noch weiter nördlich pilgerten mit ihrem zahmen Murmeltier auf dem Rücken, um durch die einfachen, Schaustellungen, die sie mit ihrem ein und allem in Dörfern und Städten gaben, einige Pfennige zu verdienen. Dem Murmeltier ist es ergangen wie dem Kamel, dem Affen und dem Bären: es hat aufgehört, die Freude der Kinder des Dörflers zu sein, und man muß jetzt schon weit wandern, bis in die Alpentäler hinein, wenn man es noch lebend sehen will.

Der Buchstabennudel ist es ergangen wie der Buchstabensuppe, beide stehen nicht im Duden und die Buchstabennudeln selten ganz vorne im Regal, aber man findet sie nach wie vor. Und das, obwohl sie eigentlich steinalt sind. Als »alphabetische Suppe« 1867 in den USA erfunden, wurden sie ab 1884 von Knorr als »Eier-Alphabet« vermarktet.

Eine Auswahl
gestrichener Wörter

Auflage / Jahr	
10/1929	Fabliau *altfranzösische Verserzählung mit komischem, vorwiegend erotischem Inhalt*
10/1929	Mechitarist *Angehöriger einer armenischen Kongregation von Benediktinern*
10/1929	Mediäval-Egyptienne *eine Schriftgattung*
10/1929	Melodion *Tasteninstrument mit durchschlagenden Zungen*
10/1929	Pusey *Edward Bouverie Pusey, englischer Theologe, 19. Jh.,* Puseyismus *Strömung innerhalb der englischen Kirche,* Puseyist
11/1934	Falstaffiade *Scherzerzählung im Geiste Falstaffs*
11/1934	Portlandvase *berühmte römische Amphore aus dem 1. Jh. v. Chr.*
11/1934	Punch *britische Satirezeitschrift, benannt nach der dem deutschen Kasper vergleichbaren Handpuppe »Mr. Punch«*
12/1941	Harpagon *Geizhals, nach der Hauptfigur des Lustspiels »Der Geizige« von Molière*
12/1941	Neidkopf *zur Abwehr von Unheil an mittelalterlichen Häusern angebrachte Tier- oder Menschenfratze; auch: Neidhammel*
12/1941	Niemand *in der griechischen Sage selbstgewählter Name des Odysseus*

13/1947 Asphaltkultur
NS-Schlagwort zur Ableh-
nung sog. »volksfremder«
Kultur der Nachkriegs-
zeit, insbesondere in den
Großstädten

13/1947 Normalschrift
Latein-, Antiquaschrift
im Gegensatz zu Fraktur-
schriften; 1941 durch den
Normalschrifterlass Hit-
lers eingeführt

14/1954[w] 14/1951[°]
Deutscher Sprach-
verein, Deutsche
Sprachberatungs-
stelle, Deutsches
Sprachpflegeamt

14/1954[w] 15/1957[°] Drommete
dichterisch für: Trompete

14/1954[w] 14/1951[°] Nanna
Gemahlin Baldrs in der
nordischen Mythologie

15/1957[°] nie v.[w] Odendichter

15/1957[°] nie v.[w] Sovexportfilm
sowjetischer Staatsbe-
trieb für den Export von
Filmen

15/1961[w] 18/1985[°] Felderdecke
in Felder eingeteilte
Saaldecke

15/1961[w] nie v.[°] NWDR *bis 1955:*
Nordwestdeutscher Rund-
funk, Vorgänger von NDR
und WDR

16/1967[w] nie v.[°] Sterndienst
Verehrung der Sterne

16/1967[w] 18/1985[°] Supplik
Bittgesuch

16/1967[w] 16/1967[°] transeunt
Philosophie: über etwas
hinausgehend

16/1967^w 16/1967° Translator *Übersetzer*	25/2009 Lambrequin *drapierter Querbehang eines Vorhangs, besonders an Fenstern und Türen*
17/1973^w 18/1986° Beber *Teil der Orgel*	
18/1980^w 16/1967° Anepigrapha *unbetitelte Schriften*	25/2009 Theomanie *religiöser Wahn*
19/1986^w 16/1967° Neologie *Neuerung; Bildung neuer Wörter*	26/2013 Mohammedanismus *Islam*
19/1986^w immer v.°* Niobidengruppe *griechische Skulpturengruppe, in römischen Kopien überliefert*	26/2013 Swedenborgianer *Anhänger des schwedischen Naturforschers und Theosophen Emanuel Swedenborg*
19/1986^w 18/1985° Savoyardenknabe *Kind aus der Region Savoyen, das zum Geldverdienen umherzog*	
24/2006 Pentameron *neapolitanische Volksmärchensammlung*	

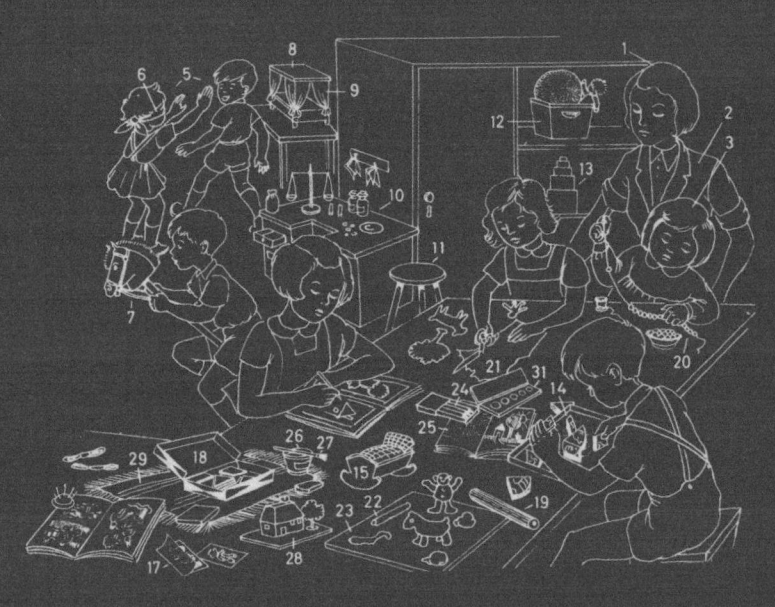

Diminutive

Die Herausgeber früher Dudenauflagen waren bestrebt, systematisch immer mehr Ableitungsformen zu einem Stichwort aufzuzeigen: Noch verstärkt ab der 9. Auflage (1915) fanden sich Ableitungen auf *-heit, -isch* oder *-ung* und Diminutive, also Verkleinerungsformen wie *Bächlein, Bächelchen, Bäckchen, Bälgelchen, Bälglein, Bälkchen, Bällchen, Bändchen, Bändlein, Bänderchen* (Mehrzahl von Bändchen)*, Bänkchen, Bänklein, Bärtchen, Bärtlein, Bäschen, Bäslein, Bäuchelchen, Bäuchlein, Bäuerlein, Bäumchen, Bäumlein, Bäuschchen, Bäuschel, Bäuschlein.* Ein Rezensent der 12. Auflage von 1941, Rotzler (zitiert bei Schöneck), kommentierte dies mit den Worten: *»Der Duden ist sicher nicht für Primarschüler bestimmt. Man könnte es aber meinen, wenn man in diesem ›Wörterbuch‹ liest.«*

   Mir war hingegen bei der Sichtung der Listen gestrichener Wörter aufgefallen, dass etliche Diminutive wie Fagöttchen, Fagöttlein, Natiönchen, Natiönlein, Näslein oder Nettchen zwischen 10/1929 und 22/2000 aus dem Duden gestrichen wurden. Und ich fragte mich, welchen Grund das wohl haben mochte. Ist die Verniedlichungsform im Deutschen obsolet geworden und einem nüchternen Sprachgebrauch gewichen? Ist ihre Nichtanwendung ein Zugeständnis an die Moderne, im Sinne von Adolf Loos beispielsweise, der in seiner Streitschrift »Ornament und Verbrechen« für die Architektur und das Industrie- und Gebrauchsdesign thesenhaft formulierte, die Evolution sei *»gleichbedeutend mit dem* *entfernen des ornamentes aus dem gebrauchsgegenstande«*, denn das Ornament erzeuge keine Lustgefühle mehr im Menschen und auch Goethes Sprache wäre ja »*schöner als alle Ornamente der Pegnitzschäfer*«. Vorbei also die Zeit der Verskünstelei und Phrasendrescherei in Lyrik und Literatur, der süßlichen Melodiegänge und Seufzermotive in der Musik und jeder Form der Zuckerbäckerei in den bildenden und angewandten Künsten? Ist die Diminutiv-Welt, die Nietzsche in »Menschliches, Allzumenschliches« wie folgt beschrieb, tot?

> *Der Umstand, dass alles Schwache und Hilfsbedürftige zu Herzen spricht, bringt die Gewohnheit mit sich, dass wir alles, was uns zu Herzen spricht, mit Verkleinerungs- und Abschwächungsworten bezeichnen – also, für unsere Empfindung schwach und hilfsbedürftig machen, untergegangen oder zumindest abgewandert ins Private, wo kein fremdes Ohr mithört, was in heimeligen Kitsch- und Nippes-Vorstadtidyllen dem oder der Liebsten an Kosenamen zugeflüstert wird? Ja, Gott sei Dank, möchte man sagen, denn wer nähme sich heutzutage in unserer kalten Gegenwart der durch Diminutivsuffixe entstellten Wörter noch in hingebungsvoller Zuwendung an? Pflästerchen drauf und gut ist! So lautet die Devise. Um die Spätfolgen kümmert sich kein Mensch. Dabei ist doch erschütternd, wie so ein Wörtlein sich quält.*

Christian Morgenstern war wohl der letzte Mensch deutscher Zunge, der dafür ein Sensorium hatte und die menschliche Wärme, eines aufzunehmen:

Kürzlich kam ein Wort zu mir,
staubig wie ein Wedel,
wirr das Haar, das Auge stier,
doch von Bildung edel.

Als ich, wie es hieße, frug,
sprach es leise: »Herzlich.«,
Und aus seinem Munde schlug
eine Lache schmerzlich.

Wertlos ward ich ganz und gar,
riefs, ein Spiel der Spiele,
Modewort mit Haut und Haar,
Kaviar für zu viele.

Doch ich wusch's und bot ihm Wein,
gab ihm wieder Würde,
und belud ein Brieflein fein
mit der leichten Bürde.

Schlafend hats die ganze Nacht
weit weg reisen müssen.
Als es morgens aufgewacht,
kam ein Mund – es – küssen.

Aber natürlich gibt es dessen ungeachtet Zyniker und Nostalgiker, unmaßvolle und geschmacklose, die ihre Liebsten, wie es einem launigen, auf Spiegel online angelegten Kosealphabet zu entnehmen ist, weiterhin *Mäuseschwänzchen, Marzipanärschlein, Marzipanpferdchen, Perlmutthäschen, Pupskartöffelchen* oder *Tofunäschen* nennen, oder ironiebegabte, die, das geht noch an, das Komische daran in den Vordergrund zu stellen trachten. Robert Gernhardt war so einer:

Ängstchen sitzt vorm Teller
Schrecken guckt ums Eck
Ängstchen plustert sich kurz auf
Schon ist Schrecken weg.[1]

Drollig. Aber wo kommen wir denn hin, wenn German Angst zum Ängstchen degeneriert?

Dem *Abgründchen* ein Stückchen näher, will ich meinen. Hanswurstische Meditationen über den Diminutiv (Gerhard Rühm) sind unangebracht, auch wenn die beschwichtigenden Erklärungen eines Jean Paul suggerieren, es war schon immer so und allernorts und in allen Sprachen:

> *In allen Sprachen verkleinert die Liebe ihr Geliebtes,*
> *gleichsam um es zu verjüngen und zum Kinde zu ma-*
> *chen, das ja der Amor selber ist. Und das Kleine, gleich-*
> *sam als das Liebere, verkleinert man wieder, daher*
> *man öfter Lämmchen, Täubchen, Kindlein, Büchel-*
> *chen (letzteres ist nach Voß dreimal verkleinert) sagt*
> *als Elefantchen, Fürstchen, Tyrannchen, Walfischchen.*
> *Manche Völker reden die ganze Natur mit diesen Liebe-*
> *wörtern an und ziehen sie, wie mit Zauberformeln, sich*
> *näher an die Brust - aber in solchen Ländern wohnet*
> *gern der Dichter. Daher kommen in den altdeutschen*
> *Dichtern die zahlreichen Verkleinerwörter; daher un-*
> *sere guten Voreltern, welche statt der Philanthropie*
> *und des Kosmopolitismus Bruderliebe und Christen-*
> *liebe besaßen und aus den Rosen der Liebe noch nicht*
> *den feinen Rosenessig der Selbsucht zogen.*

---

1   Robert Gernhardt (2004): *Im Glück und anderswo - Gedichte*. 2. Auflage. Frankfurt am Main: Fischer.

Was soll denn das sein, der Rosenessig der Selbstsucht? Und wozu führt die puppenstubenhafte Weltverkleinerung? Alfred Polgar, natürlich wieder ein Österreicher, ein Landsmann von Loos und Rühm, beschrieb die mit der Verniedlichung der Sprache einhergehende Nichtigkeit alles Gesagten anhand des Feuilletons und prangerte an:

> *Vom Wiener Feuilleton kann man nur in Diminutiven sprechen. Es hat nicht Hand und Fuß, sondern Händchen und Füßchen; es geht nicht, sondern es hüpft, es singt nicht, sondern es tiriliert, es lacht nicht, sondern es lächelt, es ist nicht graziös, sondern grazil, es denkt nicht, sondern es sinnt, es redet nicht, sondern es plaudert. Das Wiener Feuilleton ist nicht merkbar. Es verdunstet sofort vom Gehirn, auf das man es schüttet.*[2]

Aber lange kann man warten, bis Hänschen und Gretchen dagegen die Stimmchen erheben. Bis zum Nimmerleinstag, ist zu vermuten.

Vielleicht sollte ich, auch wenn es schwerfällt, an dieser Stelle die Sphären der Satire verlassen, das Gartenzwerghafte der eigenen Argumentation, um am Ende des Textes zumindest mit ein paar Sätzen von den wirklichen Schattenseiten der Diminutiv-Welt zu sprechen, nicht nur von den ästhetischen. Denn sie ist natürlich nicht untergegangen, sondern sie scheint vordergründig nur ein bisschen aus der Mode gekommen zu sein.

Zwei andere Diminutive wurden auch aus dem Duden gestrichen: Jüdchen und Jüdlein (14/1954 West, 14/1951 Ost). Abwertende, diskriminierende, rassistische oder sexistische Diminutive sind in der deutschen Sprache nicht selten: Man denke beispielsweise an das *Sensibelchen,* das *Blondchen*, das *Heimchen am Herd*. Mit der Verwendung von Diminutivformen kann man Menschen

---

2   Alfred Polgar (2016): *Kleine Schriften. Band 4: Literatur*. Reinbek: Rowohlt.

herabwürdigen, ähnlich effektiv, wie man durch den Gebrauch von Euphemismen die Grenze zwischen Wahrheit und Lüge verschieben und bestimmte Sachverhalte verschleiern kann.

Joseph Roth hat in den 1920er-Jahren in einem Essay diese Form des Schönredens und der Geschichtsklitterung beschrieben. Und so steht am Schluss meiner Ausführungen – ob Zufall oder nicht – das Zitat eines weiteren Österreichers:

Nichts Schrecklicheres als die Tatsache, daß der letzte Krieg schon anfängt, ein Gegenstand dieser idyllischen Kriegsmaler zu werden. Knappe zehn Jahre, nachdem er aufgehört hat! Besonders in den Siegerländern, die sich einbilden, ungefähr in der Art über uns gesiegt zu haben, wie die Ritter der Christenwelt dereinst über die Heiden. Die Giftgase sehen aus wie niedliche Wölkchen einer die Auferstehung garantierenden Vernichtung. Die Kanönchen speien ein liebliches Feuerchen. Die Aeroplänchen surren eilig durch die Lüftchen. Rührende Feldpostkärtchen schreiben die Heldchen an die Liebchen daheim. Besonders beliebt sind die Sturmangriffe. Genau so wie bei den Sarazenen! Man stürmt mit Bajonetten gegen besetzte Hügel. Man verhakt sich mit den Eingeweiden im Drahtverhau. Und man winkt! Man winkt! Zum Sieg, zum Ruhm, zum Tod!

Eine Auswahl gestrichener Wörter

Auflage / Jahr

Auflage / Jahr	Wort
10/1929	Fagöttchen, Fagött-lein
12/1941	Federchen, Federlein
12/1941	Onkelchen
12/1941	Reifchen, Reiflein *Ringlein*
14/1954ᵂ 14/1951°	Gößchen, Gößlein
14/1954ᵂ 14/1951°	Göttchen, Götterchen
14/1954ᵂ 14/1951°	Jüdchen, Jüdlein
14/1954ᵂ 14/1951°	Natiönchen, Natiönlein
14/1954ᵂ 14/1951°	Stätchen, Stätlein *kleiner Staat*
14/1954ᵂ 18/1985°	Trögelchen, Tröglein
14/1954ᵂ 14/1951°	Zötchen, Zötlein
15/1961ᵂ 18/1985°	Nämchen
17/1973ᵂ 18/1985°	Fündchen, Fündlein *kleiner Fund*
17/1973ᵂ 14/1951°	Nischchen, Nischlein
17/1973ᵂ 14/1951°	Nötchen, Nötlein *kleine Note*
17/1973ᵂ 14/1951°	Pöckchen, Pöcklein
17/1973ᵂ 14/1951°	Pünschchen, Pünschlein
17/1973ᵂ 14/1951°	Rämschchen, Rämschlein
17/1973ᵂ 14/1951°	Regelchen, Regelein
17/1973ᵂ 16/1967°	Zählchen
20/1991	Fränzchen *Koseform für Franz, Franziska*
20/1991	Kantönchen, Kantönlein *kleiner Kanton, Bezirk, kleiner [schweiz.] Einzelstaat*
20/1991	Näslein
20/1991	Nönnlein
20/1991	Püffchen, Püfflein *kleiner Bausch, kleiner Stoß*
20/1991	Pülschen, Pülslein
21/1996	Hühnlein
21/1996	Hündlein
21/1996	Hüttlein
21/1996	Nönnchen
21/1996	Nüßlein
21/1996	Särglein
22/2000	Nettchen, Nette *Kurzformen von: Antoinette und Nannette*

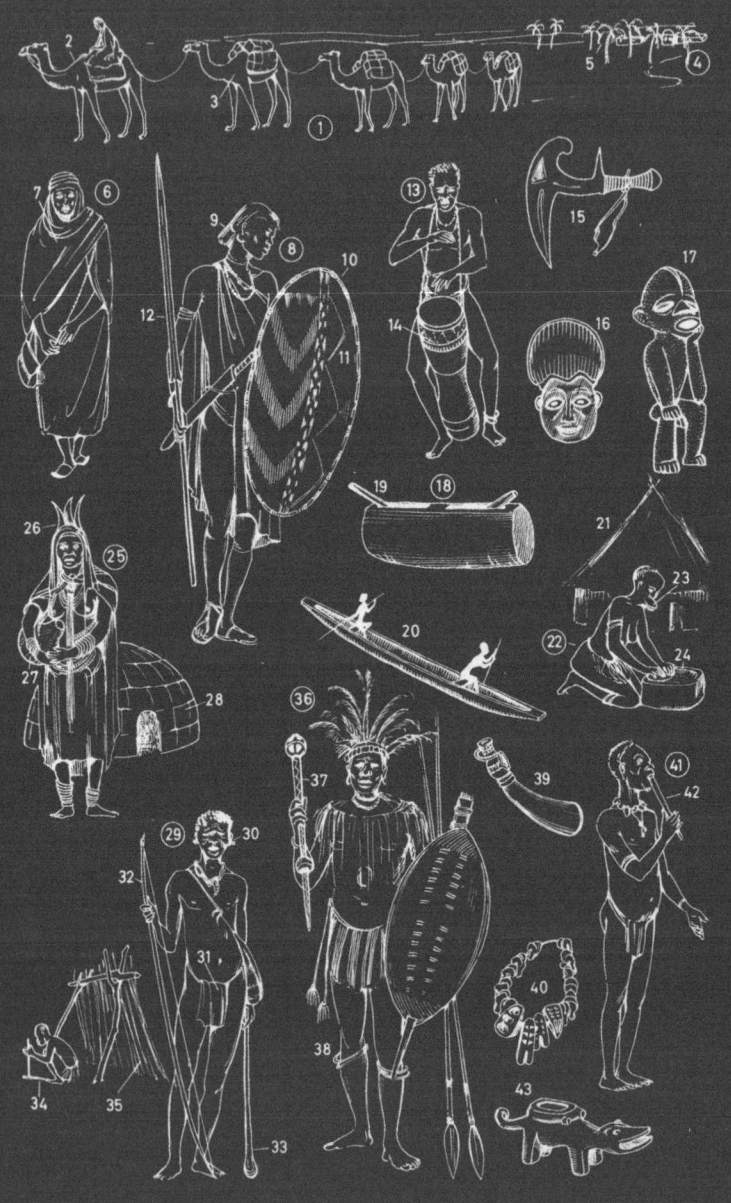

Afrikanisches Viertel ~~Kaiser-Wilhelms-Land~~

Kolonialismus

1915, der Erste Weltkrieg hielt die Menschen bereits seit einem Jahr in Atem, erschien die 9. Auflage des Dudens. Danach vergingen vierzehn Jahre, bis 1929 mit der 10. Auflage eine Neuauflage erschien, die auch über ihre Streichungen, wie wir sehen werden, den neuen Gegebenheiten der Weimarer Republik Tribut zollte. Und anhand der getilgten Lemmata lässt sich im Kleinen nacherzählen, wie das Streben nach Weltgeltung, wie der Traum vom »Platz an der Sonne« (Bernhard von Bülow) scheiterte und wie unaufgearbeitet dieser Teil der deutschen Geschichte bis heute ist.

Mit der am 18. Januar 1871 im Versailler Spiegelsaal vollzogenen Proklamation von Wilhelm I. zum Deutschen Kaiser manifestierte sich die Gründung des ersten deutschen Nationalstaates. 47 Jahre später, im November 1918, dankte Wilhelm II. ab und das Deutsche Kaiserreich war schon wieder Geschichte. Es folgten die Weimarer Republik, die Zeit des Nationalsozialismus, die Gründung zweier deutscher Staaten und die Wiedervereinigung am 3. Oktober 1990.

»*Vergangenheitsbewältigung*«, heißt es im Duden, ist die Auseinandersetzung »*einer Nation mit einem problematischen Abschnitt ihrer jüngeren Geschichte, in Deutschland besonders mit dem Nationalsozialismus*«. Heutzutage spricht man in entsprechenden Diskursen eher von »notwendiger Erinnerungskultur« oder »Vergangenheitsaufarbeitung«, denn Geschichte lässt sich nie endgültig erledigen oder zu den Akten legen, sie wirkt fort.

Die Aufarbeitung der NS-Zeit begann in der westdeutschen Gesellschaft in den 1960er-Jahren und als einer ihrer Meilensteine wird häufig die Rede von Richard von Weizsäcker angeführt, die er am 8. Mai 1985 in seiner Funktion als Bundespräsident vor dem Deutschen Bundestag gehalten hat. Weizsäcker nannte darin den 8. Mai 1945 einen *»Tag der Befreiung«* und er wies darauf hin, dass die Deutschen diesen Tag nicht vom 30. Januar 1933 trennen dürften, denn nicht im Ende des Krieges sei die Schuld für Flucht, Vertreibung und Unfreiheit zu suchen, vielmehr läge sie in seinem Anfang begründet, der mit der Gewaltherrschaft der Nationalsozialisten begonnen habe. Mit der Kapitulation endete dieser *»verhängnisvolle Irrweg deutscher Geschichte«* und Weizsäcker mahnte in seiner Berliner Rede an, dass man sich ihr mit aller Wahrhaftigkeit stellen müsse, auch wenn man sie nachträglich nicht ändern oder ungeschehen machen könne. *»Wer aber vor der Vergangenheit die Augen verschließt, wird blind für die Gegenwart. Wer sich der Unmenschlichkeit nicht erinnern will, der wird wieder anfällig für neue Ansteckungsgefahren.«*

Worten wie diesen und Gesten wie beispielsweise Willy Brandts Kniefall in Warschau ist es zu verdanken, dass sich nach dem Zweiten Weltkrieg erstaunlich schnell ein Versöhnungsprozess in Gang setzte und Deutschland wieder in die Völkergemeinschaft aufgenommen wurde. Die Reparationszahlungen und die unter dem Euphemismus *Wiedergutmachung* deklarierten finanziellen Aufwendungen mögen auch eine wesentliche Rolle gespielt haben, aber es ist wohl tatsächlich der Wahrhaftigkeit zu verdanken, mit der in Deutschland in weiten Teilen der Gesellschaft die Vergangenheit aufgearbeitet wurde, dass neues Vertrauen überhaupt wachsen konnte. Tätige Reue verändert die Gefühle aufseiten der Opfer und ihrer Hinterbliebenen, erst dann können Hass und Wut überwunden und kann Trauer gelebt werden. Wie wichtig das ist, lässt sich in vielen Schilderungen nachlesen.

Wie fatal es hingegen ist, wenn dieses Erinnern ausbleibt, lässt sich an einem heute relativ vergessenen, aber eben nicht überwundenen Kapitel deutscher Geschichte ablesen. Innerhalb von nur einer Generation hatte sich Deutschland während der Kaiserzeit zur Kolonialmacht aufgeschwungen. Für kurze Zeit beherrschte es in Afrika, China und der Südsee ein Gebiet, das viermal größer war als das sogenannte Mutterland: Togo, Kamerun, Deutsch-Ostafrika, Deutsch-Südwestafrika, Kiautschou, Kaiser-Wilhelms-Land und Bismarck-Archipel hießen die unter »Schutz« gestellten und angeeigneten Gebiete. Dort vollzog sich eine imperialistische Gewaltherrschaft deutscher Prägung, die zwischen 1904 und 1908 in Deutsch-Südwestafrika in den ersten Völkermord des 20. Jahrhunderts mündete. Dem Vernichtungsfeldzug gegen die Herero fielen nach Schätzungen etwa 60.000 Menschen zum Opfer und weitere 10.000 Nama sollen bei diesem Genozid ihr Leben gelassen haben. Die Hinterbliebenen und Nachfahren wurden bis heute nicht entschädigt, eine offizielle Entschuldigung hat es nicht gegeben.

Unzählige Skelette und Schädel der dabei Getöteten wurden damals zu wissenschaftlichen Zwecken nach Deutschland verbracht, um mit ihnen rassenanthropologische Forschung zu betreiben und die Minderwertigkeit afrikanischer Menschen zu belegen. Sie lagern noch heute in Forschungseinrichtungen oder den Depots von Völkerkundemuseen. Die »gute alte Zeit« hat es nicht gegeben. Eher lassen sich Traditionslinien der Gewalt und des Rassismus erkennen, die der Rassenlehre der Nationalsozialisten und dem Holocaust Vorschub geleistet haben.

Jean-Paul Sartre formulierte es so: *»Es ist nicht wahr, dass es gute Kolonialherren gäbe und andere, die böse sind – es gibt Kolonialherren, das ist alles.«*

Nachtigalplatz, Petersallee und Lüderitzstraße heißen bis heute Straßennamen im Afrikanischen Viertel in Berlin-Wedding, und seit Jahren wird darüber gestritten, ob die nach ehemaligen Kolonialisten benannten Straßen umbenannt werden und stattdessen afrikanische Persönlichkeiten ihren Platz einnehmen sollen. Vornehmlich Menschen, die der deutschen Gewaltherrschaft in den ehemaligen Kolonien zum Opfer fielen.

Die Stiftung Preußischer Kulturbesitz als Träger der Staatlichen Museen zu Berlin und viele andere Völkerkundemuseen in Deutschland und Europa stehen zunehmend unter Druck, denn die Aufklärung und Rückgabe mutmaßlicher Raubkunst aus der Kolonialzeit geht nur sehr schleppend voran. Die Provenienzforschung steht hier, anders als bei der Provenienzforschung zur NS-Raubkunst, erst am Anfang. Auch das zeigt, wie unaufgearbeitet dieser Teil unserer Geschichte ist.

Zur Eröffnung des Humboldt Forums im Berliner Stadtschloss sollen die außereuropäischen Sammlungen der Staatlichen Museen zu Berlin, so die Planung, zwei Drittel der Ausstellungsfläche einnehmen. Ob die Exponate beim derzeitigen Stand der Provenienzforschung uneingeschränkt dazu beitragen können, Wilhelm von Humboldts Gedanken über eine ganzheitliche Betrachtung der Welt zu befördern, kann zumindest bezweifelt werden. Aber es wird den notwendigen Erinnerungsprozess beschleunigen. Denn dann begegnen sich unter dem Dach des neuen Kulturhauses indirekt und notgedrungen zwei sehr unterschiedliche Weltanschauungen. Den ausgestellten Objekten und Kunstwerken haftet bei ungeklärter Herkunft womöglich der Makel an, im Zuge des deutschen Weltmachtstrebens zusammengerafft statt lauter erworben zu sein, was die humboldtsche Wortprägung vom *Weltbürgertum* und die damit verbundenen Ideen konterkariert.

Soviel Welt als möglich in die eigene Person zu verwandeln, ist im höheren Sinn des Wortes Leben. Das Bemühen soll darauf zielen, sich möglichst umfassend an der Welt abzuarbeiten und sich dadurch als Subjekt zu entfalten. Zum Weltbürger werden heißt, sich mit den großen Menschheitsfragen auseinanderzusetzen: sich um Frieden, Ge-

*rechtigkeit, um den Austausch der Kulturen, andere
Geschlechterverhältnisse oder eine andere Beziehung zur
Natur zu bemühen.*

Diesen aufklärerischen und humanen Ansatz der Selbstvergewis-
serung und Welterkundung gilt es nämlich, wenn das Haus den
selbstgesteckten Ansprüchen gerecht werden möchte, einzulösen.
Während der deutschen Kolonialzeit zwischen 1884 und 1918 sucht
man nach Zeugnissen dieser Art zumeist vergeblich. Stimmen wie
die August Bebels, der im Januar 1889 in einer Rede im Deutschen
Reichstag sagte: »*Im Grunde ist das Wesen aller Kolonialpolitik die
Ausbeutung einer fremden Bevölkerung in höchster Potenz*«, waren
selten. Vielmehr schlug sich die oft rassistische Kolonialpropa-
ganda in zahllosen Schriften und Pamphleten nieder und sie fand
ihren Niederschlag sogar in Kinderbüchern, wie ein 1910 von Max
Möller veröffentlichtes Gedicht zeigt:

> *Als unsere Kolonien vor Jahren*
> *noch unentdeckt und schutzlos waren*
> *schuf dort dem Volk an jedem Tage*
> *die Langeweile große Plage*
> *denn von Natur ist nichts wohl träger*
> *als so ein faultierhafter Neger.*
> *Dort hat die Faulheit, das steht fest*
> *gewütet fast wie eine Pest.*
> *Seit aber in den Kolonien*
> *das Volk wir zur Kultur erziehen*
> *und ihm gesunde Arbeit geben*
> *herrscht dort ein munteres, reges Leben.*
> *Seht hier im Bild den Negerhaufen*
> *froh kommen die herbeigelaufen*
> *weil heute mit dem Kapitän*
> *sie kühn auf Löwenjagden gehn …*

Die 1887 aus dem Zusammenschluss der Gesellschaft für Deutsche Kolonisation mit dem Deutschen Kolonialverein hervorgegangene Deutsche Kolonialgesellschaft war im Deutschen Kaiserreich der größte und einflussreichste Interessenverband, um die koloniale Sache voranzubringen. Unter dem Namen »Kolonie und Heimat – in Wort und Bild« erschien als »Organ des Frauenbundes der Deutschen Kolonialgesellschaft« nach Selbstauskunft eine »unabhängige koloniale Zeitschrift«. Ein Blick in eine beliebige Ausgabe – hier ist es die vom 13. März 1910 – lässt keinen Zweifel an den Zielen des deutschen Kolonialismus und dem damit verbundenen Menschenbild aufkommen. Den Anfang macht ein langer, nüchtern geschriebener Artikel über die wirtschaftliche Entwicklung der deutschen Kolonien. Bebildert ist er mit zahlreichen Grafiken und Fotografien. Letztere zeigen eine Schuhfabrik in Windhuk, einen »Store (Laden) in Südwest«, eine Wagenbauerei in Otimbingwe sowie einen »Neger beim Kautschukzapfen« in Ostafrika. Sehr detailliert werden die Ausfuhren unterschiedlicher Produkte beschrieben und ebenso, wie die Infrastruktur vorangetrieben wird, um die Entwicklung der Kolonien als Rohstofflieferanten und Absatzgebiet voranzubringen.

Dann folgt ein Bericht über die christliche Mission in Deutsch-Ostafrika, und hier bekommt der Leser erstmals ein menschenverachtendes Bild des Eingeborenen geliefert.

Wenn wir die Eingeborenen unserer Kolonien schildern, so geschieht dies hauptsächlich unter dem Gesichtspunkt ihrer Erziehung zu brauchbaren Mitarbeitern bei unseren wirtschaftlichen und kulturellen Bestrebungen. [...] Man sucht den Schwarzen die kulturelle Ueberlegenheit der weissen Rasse und damit ihre religiösen Lehren verständlich zu machen, indem man sie durch praktische Schulung an ein sittlich höheres und tätigeres Leben zu gewöhnen beginnt. [...] Dies ist auch ganz richtig. Das Ora et labora –

bete und arbeite – passt wohl für ein kulturell hochstehen-
des Volk, für die Schwarzen ist die umgekehrte Reihenfolge
besser: [...] Erst wenn die Neger die Überlegenheit unserer
Kultur der Arbeit und ihrer Segnungen begriffen und sich
in diese etwas eingelebt haben, werden sie auch die Lehren
des Christentums allmählich begreifen. [...] Diesergestalt
lernen die Neger die Europäer als ihre Lehrer und Führer,
die es gut mit ihnen meinen, verstehen und achten.

Es schließen sich Mitteilungen aus den landesweiten Abteilungen
des Frauenbundes an, so etwa aus der Abteilung »Westliche Vor-
orte Berlins«, wo sich die Klaviervirtuosin von Götz in den Dienst
der guten Sache stellte und im Weinrestaurant des Neuen Schau-
spiels eine Ballade von Chopin vortrug, gefolgt von drei Arien von
Meyerbeer, Thomas und Puccini, gesungen von einer zu schönen
Hoffnungen berechtigenden Schülerin von Frau Etelka Gerster.

Den kulturbeflissenen Leserinnen wird in »Kolonie und Heimat« dann noch die 12. Fortsetzung von »Buschklatsch – Kameru-
ner Roman«, verfasst von Hans A. Osman, kredenzt: »Nachdruck
verboten«. Hans erschießt in dieser Episode einen schlafenden
Elefanten, der mit seiner *»schmutzig grauen, faltigen Haut ein Bild*
abschreckender Hässlichkeit« abgibt. *»Mit einiger Mühe bringt Hans,*
im Dorfe angekommen, seine drei Träger und Otu auf den Trab. Die
Nigger sehen nicht ein, warum es der Master auf einmal so eilig hat,
weiter zu kommen.« Hernach reist Hans in den Bezirksamtsmannsitz
Sanaga, eine villenähnliche Musterstadt, mit kaiserlichem Postamt,
Kirche, christlicher Mission, schmucken Gouvernementshäusern
und breiten Wegen, die von »Kettengefangenen« sauber gehalten
werden. Sie schauen nur kurz auf, um ihm, dem Weißen, die nöti-
ge Ehrerbietung zuteilwerden zu lassen, dann arbeiten sie weiter.
Der Bezirksamtsmann empfängt ihn und klagt ihm sein Leid. *»Ich*
baue, wie Sie sehen, gerade die grosse Strasse nach Jaunde aus, und
da müssen sie alle ran, und Wegebaudienste leisten –, aber hier unten,

am Fluss, sitzt ein schreckliches Gesindel. Der Sanagabakoko ist frech, faul, verlogen, diebisch –, kurz, er besitzt alle Eigenschaften seiner Rasse in ausgeprägtem Masse.« Man diskutiert noch, wie man des Gesindels Herr werden könne, dann verabschiedet man sich bis zur 13. Folge. Man braucht schließlich Platz für Werbung. Rhein- und Moselweine, Tropen- und Überseeausrüstungen sowie automatische Pistolen werden angeboten, für die Dame allerlei Schönheitspflegeprodukte und für den Herrn der unvergleichliche Elektro-Suspensor, ein elektrifizierter Hüftgürtel, der, über Nacht getragen, für gute Nerven, gute Verdauung und einen klaren Kopf sorgt.

Deutschland verlor seine Kolonien nach dem Ersten Weltkrieg. Reichskolonialamt (10/1929), Kolonialrat (11/1934), Zulukaffer (11/1934), Deutsch-Neuguinea, Deutsch-Ostafrika, Deutsch-Südwestafrika, Kaiser-Wilhelms-Land, Kolonialgesellschaft, Lüderitzbucht, Lüderitzland (alle 13/1947), alldeutsch (16/1967 West, 14/1951 Ost), Kiautschou (19/1986 West, 16/1967 Ost), Afrikaander, Afrikander (22/2000) lauten einige der mit der Kolonialgeschichte verbundenen Wörter, die im Laufe der Jahre aus den unterschiedlichen Dudenauflagen gestrichen wurden. Wolfgang Werner Sauer wies in seinem 1988 erschienenen Buch »Der Duden – Geschichte und Aktualität eines Volkswörterbuchs« darauf hin, dass sich der für die Bearbeitung der 10. Auflage verantwortliche Theodor Matthias, ein Oberstudienrat im Ruhestand und erfolgreicher Verfasser diverser Schriften zur Sprachpflege, redlich bemüht hat, die neue Dudenauflage den demokratischen Verhältnissen der Weimarer Republik anzupassen. Viele der Monarchie oder der kaiserlichen Familie und Kaiser Wilhelm zuzuordnende Begriffe wurden entfernt, andere, die die neuen politischen Verhältnisse seit der Ausrufung der Republik am 9. November 1918 durch Philipp Scheidemann beschreiben, kamen hinzu. Bei den die ehemaligen Kolonien betreffenden Toponymen, die in der 10. Auflage noch enthalten sind, wurden zunächst nur die Worterklärungen geändert, z. B. für *Kamerun* und *Deutsch-Südwestafrika*.

9/1915:   Kamerun *Land*
            Deutsch-Südwestafrika *Land*
10/1929: Kamerun *Land an der Westküste Afrikas, ehem. dtsch. Kolonie,*
            jetzt unter frz. u. brit. Verwaltung
            Deutsch-Südwestafrika *ehem. dtsch. Kolonie, jetzt unter*
            brit. Verwaltung
11/1934: Kamerun *ehem. dtsch. Kolonie in Westafrika, jetzt Mandats-*
            gebiet des Völkerbundes
            Deutsch-Südwestafrika *ehemalige deutsche Kolonie*

In der 12. Auflage von 1941 lautet die Erläuterung dagegen bemer-
kenswerterweise »deutsche Kolonie in Westafrika« bzw. »deutsche
Kolonie«, wie auch Schöneck hervorhebt: *»Nach den Angaben in
dieser Auflage verfügt Deutschland wieder über Kolonien.«* Auch
das in der 10. Auflage von 1929 bereits gestrichene *Kaiser-Wilhelms-Land* (in der obigen Auflistung ist wie immer nur das Jahr
der endgültigen Streichung angegeben) wurde 1934 wieder in den
Duden aufgenommen, ebenso 1941 *Deutsch-Neuguinea.*

Und schließlich fand 1934 auch ein weiteres Wort Eingang in
den Duden: die Kolonialschuldlüge – als *»unwahre Behauptung
der Ententestaaten, daß das Deutsche Reich unfähig sei, zu kolonisieren und Kolonien gut zu verwalten«.* Gestrichen wurde sie in der
13. Auflage von 1947.

Eine Auswahl gestrichener Wörter

Wo nicht anders angegeben, bezeichnen die geografischen Namen Gebiete, die zum deutschen Kolonialreich gehörten.

10/1929 Bafut *Volk im früheren Königreich Bafut, heute Teil Namibias*

10/1929 Bimbia *ehemals unabhängiger Staat im heutigen Kamerun*

10/1929 Bougainville *eine der Salomoninseln im Südpazifik*

10/1929 Buka *eine der Salomoninseln im Südpazifik*

10/1929 Garua *Stadt in Kamerun*

10/1929 Hoachanas *Ort in Namibia*

10/1929 Jaluit, Dschalut *Atoll im Pazifik*

10/1929 Manono *eine der Samoainseln im zentralen Pazifischen Ozean*

10/1929 Nauchas *Ort in Namibia*

10/1929 Ndsimu *Bantuvolk in Südkamerun*

10/1929 Neulauenburg *Insel im Bismarckarchipel im westlichen Pazifik, heute: Duke-of-York-Inseln*

10/1929 Neumecklenburg *Insel im Bismarckarchipel im westlichen Pazifik, heute: Neuirland*

10/1929 Neupommern *Insel im Bismarckarchipel im westlichen Pazifik, heute: Neubritannien*

10/1929 Nordnigerien *von 1900 bis 1914 britisches Protektorat in Westafrika*

10/1929 Otjimbingwe *Ort in Namibia*

10/1929 Rälikinseln *Inselkette im Pazifik westlich der Marshallinseln*

10/1929	Reichskolonialamt *Behörde im Deutschen Kaiserreich*	12/1941	Alldeutscher Verband *nationalistische Organisation, die u. a. für eine offensive Kolonialpolitik eintrat; 1891 bis 1939*
10/1929	Waterberg *Tafelberg in Namibia*	13/1947	Deutsch-Neuguinea *ehemalige deutsche Kolonie im Südpazifik*
10/1929	Witu *ehemaliges Sultanat, heute Teil Kenias*	13/1947	Deutsch-Ostafrika *ehemalige deutsche Kolonie in Ostafrika*
11/1934	Apolima *eine der Samoainseln im zentralen Pazifischen Ozean*	13/1947	Deutsch-Südwestafrika *ehemalige deutsche Kolonie auf dem Gebiet des heutigen Namibia*
11/1934	Kolonialrat *Beirat des Reichskolonialamts im Deutschen Kaiserreich*	13/1947	Kaiser-Wilhelms-Land *Teil der ehemaligen deutschen Kolonie Deutsch-Neuguinea*
11/1934	Sawai *eine der Samoainseln im zentralen Pazifischen Ozean*		
11/1934	Zulukaffer[1] *Bantuvolk in der ehemaligen britischen Kolonie Natal in Südafrika*		

1   Die Einträge *Zulu* und *Kaffer* stehen bis heute im Duden.

13/1947 Kolonialgesellschaft *Handelskompanie, Vereinigung zur Förderung der Emigration etc.*

13/1947 Kolonialschuldlüge *Bezeichnung in der Weimarer Republik für die angeblich unwahre Behauptung, Deutschland sei unfähig zu kolonisieren und habe Gräueltaten in seinen Kolonien begangen*

13/1947 Lüderitzbucht *Meeresbucht im heutigen Namibia, früher auch Name der heutigen Stadt Lüderitz*, Lüderitzland *ehemaliger Name des Küstenstreifens an der Lüderitzbucht*

13/1947 Upolu *eine der Samoainseln im zentralen Pazifischen Ozean*

14/1954[w] 17/1976[o] Betschuanaland *ehemaliges britisches Protektorat im Süden Afrikas, heute: Botswana*

16/1967[w] 14/1951[o] alldeutsch *die politischen Ziele des Alldeutschen Verbandes [1894 bis 1939] betreffend, nationalistisch im Sinn einer Zusammenfassung aller Deutschsprechenden*

16/1967[w] 16/1967[o] Turko *farbiger Fußsoldat des ehemaligen frz. Kolonialheeres*

19/1986[w] 16/1967[o] Kiautschou *von 1898 bis 1914 deutsches Pachtgebiet an der chinesischen Ostküste*

22/2000 Afrikaander, Afrikander *Afrikaans sprechender Nachfahre europäischer Einwanderer in Südafrika*

Nationalsozialismus

> *Vor dem Blick der faschistischen Herren, der,*
> *wie wir sahen, über Jahrtausende schweift, ist*
> *der Unterschied der Sklaven, die aus Blöcken*
> *die Pyramiden errichtet haben, und der Mas-*
> *sen von Proletariern, die auf den Plätzen und*
> *Übungsfeldern vor dem Führer selbst Blöcke*
> *bilden, ein verschwindender.*

> *Walter Benjamin*

»Die Wandlung« hieß eine von November 1945 bis Herbst 1949 in Heidelberg erschienene Monatsschrift. Begründet wurde sie von dem Philosophen Karl Jaspers, dem Politikwissenschaftler Dolf Sternberger, dem Romanisten Werner Krauss und dem Kultursoziologen Alfred Weber. Der Name war Programm. Nach dem Ende der Naziherrschaft sollte mit dem Magazin eine Möglichkeit geschaffen werden, sich schreibend und endlich wieder »*denkend in dieser ungeheuren Not zurechtzufinden*«, wie es Karl Jaspers im Geleitwort der ersten Ausgabe formulierte. Für »Die Wandlung« schrieben zahlreiche namhafte Autorinnen und Autoren, darunter T. S. Eliot und Hannah Arendt. Letztere lehnte es zwar ab, die Leitung der Monatsschrift zu übernehmen, aber etliche Artikel, die um die Themen Verantwortung, geistige Erneuerung, Freiheit oder Humanismus kreisen, steuerte sie im Laufe der Jahre bei.

Dolf Sternberger, Wilhelm E. Süskind und Gerhard Storz schrieben im Wechsel eine sprachkritische Kolumne, die den Titel »Aus dem Wörterbuch des Unmenschen« trug und die später auch als Buch erschien.

Auch diesem mit 136 Seiten recht schmalen Band wurde ein Geleitwort vorangestellt, das in Auszügen zu zitieren sich lohnt, denn es bringt ebenso anschaulich wie bildhaft auf den Punkt, welchen Verwerfungen die deutsche Sprache durch die nationalsozialistische Ideologie ausgesetzt war, wie sie Stück für Stück deformiert wurde und wie sich dieser Sprachgebrauch dennoch in die Alltagssprache der Nachkriegszeit hinüberzuretten vermochte: mal vorsätzlich und wissentlich, mal vom Sprecher unbemerkt.

Lange hatten wir geglaubt, dieser gewalttätige Satzbau, diese verkümmerte Grammatik, dieser monströse und zugleich krüppelhafte Wortschatz seien der Ausdruck der Gewaltherrschaft – ihr Ausdruck oder ihre bleckende Maske –, und so würde dies alles auch mit ihr in Trümmer sinken. Es ist auch mit ihr in Trümmer gesunken. Aber kein reines und neues, kein bescheideneres und gelenkigeres, kein freundlicheres Sprachwesen ist erstanden. Sondern der durchschnittliche, ja, der herrschende deutsche Sprachgebrauch behilft sich mit diesen Trümmern bis auf unsern Tag. Das Wörterbuch des Unmenschen ist das Wörterbuch der geltenden deutschen Sprache geblieben. [...] Alle haben ein Stück vom totalitären Sprachgebrauch geerbt, an sich gerissen, aufgelesen oder sonst sich zugeeignet, nur daß die schauerliche Macht daraus gewichen ist. Aus dem verstreuten Samen des einen Ungeheuers sind viele kleine Ungeheuerchen entsprossen, der eine totale Unmensch lebt in tausend partikularen Unmenschlein fort, und keiner von ihnen weiß, was er tut – was er tut, indem er redet.

Angesichts dieser Bestandsaufnahme mutet das Bemühen von Horst Klien und der Redaktion des Bibliographischen Instituts Leipzig geradezu vergeblich an, die während des Nationalsozialismus in die 11. und 12. Auflage des Dudens aufgenommenen und nun, 1947, nicht mehr opportunen Wörterbucheintragungen aus der 13. Auflage wieder zu tilgen. Gleichwohl waren diese Streichungen unerlässlich, denn sowohl die Auflage von 1934 – und noch in einem weitaus größeren Maße jene von 1941 –, enthielten ein reichhaltiges NS-Vokabular, das neben den den Nationalsozialisten heiligen Begriffsfetischen wie *Nation, Volksgeist* und *Deutschtum* bereits das menschenverachtende Arsenal der rassenideologischen Termini enthielt (*Untermensch,* Volksschädling [13/1947], fremdrassig [13/1947] usw.) sowie den politischen Gegner diffamierende Begriffe (Volksverräter [17/1973 West, 14/1951 Ost][1]) und zahlreiche Neuwörter aus dem politisch-institutionellen Bereich, darunter: Arbeitsdienst, BDM, HJ, Kraft durch Freude, Winterhilfswerk (alle 13/1947).

Der Germanist, Volkskundler und Bibliothekar Otto Basler, der die Redaktion der 11. und 12. Auflage geleitet hatte und der nach dem Zweiten Weltkrieg seine Karriere als Hochschulprofessor fortsetzte, hatte gründliche Arbeit geleistet, oder wie es der Sprachwissenschaftler Wolfgang Werner Sauer 1989 in seinem Aufsatz »Der Duden im Dritten Reich« ausdrückte:

> *Die Neuauflage hat er schon 1933 so angelegt, daß eine Gleichschaltung des Wörterbuchs überflüssig war. Die Institution Duden hat sich durch die vereinten Bemühungen aller, die für sie verantwortlich waren, mit bemerkenswerter Schnelligkeit an die politischen Verhältnisse angepaßt.*

---

1   Das Wort *Volksverräter* war im Jahr 2016 das »Unwort des Jahres« in Deutschland. Deshalb erscheint es in der 27. Auflage des Dudens in der Liste der Unwörter des Jahres.

Diese Anpassungen vollführten im Jahr 1947, nun aber in umgekehrter Richtung, auch Horst Klien und seine Mitarbeiter. Und ihre Aufgabe war auch deshalb anspruchsvoll, weil als Grundlage für den Druck der Neuauflage der Stehsatz der 12. Auflage diente, der den Krieg unbeschadet überdauert hatte. Dies bedeutete, dass als Ersatz für die alten Einträge neue in gleicher Länge eingefügt werden mussten. So etwa bei den (im letzten Druck der 12. Auflage) acht für Hitler vorgesehenen Zeilen. Anstelle von Hitler, Hitlergruß oder Hitlerjunge (alle 13/1947) wurden Wörter wie *Hirtenschaft, Hirtentäschel* oder *Hirtentum* aufgenommen. Die übrigen Einträge blieben unverändert.

Auch Wörter wie Blutorden, Blutschutzgesetz und Weltfeind wurden in der 13. Auflage von 1947 gestrichen. Weitere Streichungen folgten in den späteren Auflagen, zwischen 14/1954 West bzw. 1951 Ost und 24/2006: beispielsweise Entvolkung, fremdvölkisch, Rassenkampf, Rassenhygiene, Rassengeschichte, Sippenforschung, Sippenkunde, sippenkundlich, Zinsknechtschaft[2].

Einige dieser Wörter sind bis heute in umfangreicheren Duden-Wörterbüchern wie dem Online-Wörterbuch verblieben, z. B. *Rassenhygiene*, heute definiert als »*(nationalsozialistisch): (in der rassistischen Ideologie des Nationalsozialismus) Gesamtheit von [gesetzlichen] Maßnahmen zur Erhaltung und Verbesserung der vermeintlich im Erbgut verankerten Eigenart eines Volkes, besonders der sogenannten* Arier *(2):* [...]«. Aber auch im Rechtschreibduden finden sich noch Wörter wie *Sonderbehandlung*, versehen mit dem Hinweis »*auch nationalsozialistisch verhüllend für* Liquidierung«, oder der oben bereits erwähnte *Untermensch*, mit dem Hinweis »*besonders nationalsozialistisch*«.

---

2 *Zinsknechtschaft* (als wirtschaftspolitisches Schlagwort der Nationalsozialisten) wurde in der 13. Auflage von 1947 gestrichen, in Auflage 17/1973 (West) wieder aufgenommen, ab 20/1991 (West) verweist der Zusatz »im MA.« darauf, welche Bedeutung gemeint ist. Endgültig gestrichen wurde das Wort in der Auflage 23/2004.

Doch auch der Blick auf die in der NS-Zeit aus dem Duden *ge-strichenen* Wörter ist von Interesse. Schöneck verweist in seiner Arbeit auf die erst kurz zuvor, in der 10. Auflage von 1929, aufge-nommenen jüdischen Monatsnamen wie Adar, Nisan oder Tischri (11/1934) und sieht darin einen Beleg für »*das frühe Bemühen der Duden-Bearbeiter, Bestände des Wörterbuchs, die sich auf das Juden-tum, seine Geschichte, Sprache und Kultur beziehen, sukzessive ab-zubauen*«. Interessant auch die Tilgung von Nana (11/1934), einer »Frauengestalt bei Zola«. Weichen musste sie der Neuaufnahme von *Nanna*, »in der nordischen Göttersage Gemahlin Baldrs«; Schöneck verweist in diesem Zusammenhang auch auf eine negative Einstellung des Faschismus dem Naturalismus gegen-über.

Senya Müller beschreibt in ihrer Untersuchung zu Sprachwör-terbüchern im Nationalsozialismus, wie nicht negativ markierte Zusammensetzungen mit dem Wort *Jude* gestrichen wurden, im Falle des Dudens: Judenschmaus und Judenbart (eine Zierpflan-ze). Und weiter: »*Ein Zeichen für Diskriminierung stellt in diesem Zu-sammenhang auch die Streichung des Begriffs* jüdisch-deutsch *in DU. 12/1941 dar. Als unvereinbares Gegensatzpaar ist diese Kombination seit den Nürnberger Rassegesetzen undenkbar geworden.*«

Nicht alle dieser gestrichenen Wörter haben nach dem Krieg wieder Eingang in den Duden gefunden.

Der Nationalsozialismus war eine Ersatzreligion mit Erlö-sungsanspruch und dieses Prinzip ging einher mit einer ebenso teuflischen wie perfekten Überwachungs- und Denunziations-maschinerie, die die Menschen mit Instrumenten wie der Gleich-schaltung oder dem sogenannten »Heimtückegesetz« von 1933, das 1934 in ein »Gesetz gegen heimtückische Angriffe auf Staat und Partei sowie zum Schutz der Parteiuniformen« erweitert wurde, gängelte und manipulierte. Das Land wurde mit unzähligen Or-ganisationen, beispielsweise dem »Nationalsozialistischen Deut-schen Ärztebund« (NSDÄB) oder der »Nationalsozialistischen Frauenschaft« (NSF) überzogen, denen sich kaum jemand entziehen konnte, die beschworene *Blutgemeinschaft* schaffte Identität, die Rassenideologie – allem voran der immer brutaler hervortretende Antisemitismus – die notwendigen inneren und äußeren Feinde. Vom Gauleiter bis zum Blockwart waren, wie von Sternberger beschrieben, alle Wiederholungen des einen Führers, bis auch das Zusammenleben der Menschen nur noch aus Befehlen bestand. Daher lässt sich durchaus nachvollziehen, was er in seinem Geleitwort zum »Wörterbuch des Unmenschen« außerdem schrieb, nämlich dass »*mit jenen Überresten aus dem Wortschatz der Gewalt, der Überhebung, der Ungeduld und der Lieblosigkeit*« ein bleiernes und schweres Erbe auf der deutschen Sprache lastet, das sich in Resten bis heute erhalten hat. Gleichwohl war vieles schon vor 1933 vorhanden. Begriffe wie *Auslese* oder *Ausmerzen* sind in Campes »Wörterbuch der Deutschen Sprache« von 1807 belegt, Wörter wie *Nation, Volkstum* und *Volksgeist* stammen aus der ersten Hälfte des 19. Jahrhunderts, die Ursprünge der Rassenideologie reichen ebenso weit zurück und der Antisemitismus ist in Deutschland seit dem frühen Mittelalter »zu Hause«, mit zahlreichen Pogromen und Verunglimpfungen aller Art. Anstelle der das 18. Jahrhundert prägenden Begriffe *Vernunft, Humanität* und *Menschheit* tritt im 19. Jahrhundert ein aggressiver Nationalismus, der Feindbilder schürt, das Nationale religiös überhöht und Hass predigt.

1815 veröffentlichte Saul Ascher die Streitschrift »Die Germanomanie«. Dort fragte er:

> *Was beabsichtigen diese Fanatiker in dem Eifer ihrer Germanomanie? Wozu die Anregung zu einem Kreuzzuge gegen alles Undeutsche oder Ausländische? Soll Deutschland das Beispiel zur Zwietracht und zum Nationalhaß aufstellen? Gibt es denn für Deutschland kein anderes Mittel, seine Selbständigkeit und Eigenheit zu*

erhalten? Hat es nicht einen Fonds von Kräften,
diese Lage zu erschwingen, in der Geradheit,
Betriebsamkeit und der Kraft seiner Nation?

Die Fanatiker antworteten auf ihre Weise. 1817 feierte eine Gruppe Burschenschafter auf der Wartburg den Sieg über Napoleon in der Völkerschlacht von Leipzig und den 300. Jahrestag der Reformation. Aschers Streitschrift wurde neben Schriften anderer Autoren dem Feuer übereignet.

Diese Bücherverbrennung griff Heinrich Heine in seiner Tragödie »Almansor« mit den Worten auf: »*Dies war ein Vorspiel nur, dort, wo man Bücher verbrennt, verbrennt man auch am Ende Menschen.*«

Eine Prophezeiung, die sich in Deutschland zwischen 1933 und 1945 bewahrheitete.

> »*Wer die Sprache liebt, weiß, dass sie das menschlichste am Menschen ist und dass sie darum auch der schrecklichste Ausdruck seiner Unmenschlichkeit werden kann: Worte töten, Worte heilen.*«

resümierte Heinrich Böll und bezog sich dabei auf die unter den Nationalsozialisten verübten Verbrechen. Und bevor diese begannen Menschen zu verbrennen, waren es auch hier bekanntlich zuerst Bücher.

Im Mai 1933 brannten sie in Berlin. Und während die Flammen loderten, sprach Joseph Goebbels zu den anwesenden Studenten:

> *Und deshalb tut Ihr gut daran, um diese mitternächtliche Stunde den Ungeist der Vergangenheit den Flammen anzuvertrauen. Das ist eine starke, große und symbolische Handlung, - eine Handlung, die vor aller Welt dokumentieren soll: Hier sinkt die geistige Grundlage der November-Republik zu Boden, aber aus die-*

> *sen Trümmern wird sich siegreich erheben der Phönix*
> *eines neuen Geistes, – eines Geistes, den wir tragen, den*
> *wir fördern und dem wir das entscheidende Gewicht*
> *geben und die entscheidenden Züge aufprägen.*

Mit diesen Worten wird das abscheuliche Ritual für die Anwesenden legitimiert und zu einer notwendigen und moralisch richtigen Handlung. »Der Nazismus«, so beschrieb es Klemperer in »LTI«, *»glitt in Fleisch und Blut der Menge über durch die Einzelworte, die Redewendungen, die Satzformen, die er ihr in millionenfachen Wiederholungen aufzwang und die mechanisch und unbewußt übernommen wurden.«*

Von *Vermischung, Umvolkung, Volkstod, Parasiten, Schmarotzern, Volksverrätern* oder dem *lebensbejahenden afrikanischen Ausbreitungstyp* schwadronieren auch heutzutage wieder Politiker und Sympathisanten rechter Parteien. Die Sprache des Unmenschen ist in unsere Mitte zurückgekehrt und der Duden, das Rechtschreibwörterbuch der deutschen Sprache, spiegelt diese Entwicklung durchaus wider. In der 27. Auflage finden sich zahlreiche Wörter, die unsere Gegenwart bestimmen: *Flüchtlingskrise, Lügenpresse, Willkommenskultur, postfaktisch, Schmähgedicht, Fake News, Kopftuchstreit.*

Aufgenommen werden diese Lemmata dann, wenn ihre Verwendung signifikant ist. Grundsätzlich erfolgt die Entscheidung für oder gegen einen Dudeneintrag wertneutral, aber als Instrument der Kenntlichmachung und Differenzierung dienen der Dudenredaktion die erläuternde Begriffserklärung und sogenannte pragmatische Markierungen wie »abwertend« oder »diskriminierend«, mit denen die Einträge versehen werden. Dort erfährt man also etwas über den Ursprung eines Wortes, seine Bedeutung und seine Konnotation. Es ist zu hoffen, dass einige der neu aufgenommenen Begriffe wieder an Bedeutung verlieren werden und dass an ihre Stelle Wortneuprägungen treten, die sich endlich wieder um die Ideale der Aufklärung gruppieren. Und diese ergänzen dann vielleicht einige, heute noch völlig unbekannte Variationen von Wortschönheiten wie *Empathie, Brüderlichkeit* oder *Weltfrieden.*

Eine Auswahl
gestrichener Wörter

11/1934	Adar *sechster Monat im jüdischen Kalender: Februar/März*
11/1934	Judenbart *eine Zierpflanze*
11/1934	Judenschmaus
11/1934	Nana *Romanfigur bei Zola*
11/1934	Nisan *siebter Monat im jüdischen Kalender: März/April*
11/1934	Tischri *erster Monat im jüdischen Kalender: September/Oktober*
12/1941	jüdisch-deutsch
13/1947	Alljuda *nationalsozialistisch: Gesamtheit der Juden*, alljüdisch
13/1947	Arbeitsdienst *Kurzform von Reichsarbeitsdienst*

13/1947	BDM: Bund Deutscher Mädel *zur Hitlerjugend gehörende Organisation, bestehend aus Mädchen im Alter von 14 bis zu 18 Jahren*
13/1947	Blutfahne *Hakenkreuzfahne, mit der alle anderen Fahnen der NSDAP durch Berührung »geweiht« wurden*
13/1947	Blutorden *Ehrenzeichen der NSDAP*
13/1947	Blutschutzgesetz *Gesetz von 1935, das unter anderem Ehe und Geschlechtsverkehr zwischen Juden und Nichtjuden unter Strafe stellte*
13/1947	Braunhemd *braunes Hemd als Teil der Uniform von NS-Organisatio-*

	nen, auch: Mitglied einer NS-Organisation
13/1947	Eintopfsonntag *Sonntag, an dem nur ein preiswerter Eintopf gegessen werden sollte, um den ersparten Betrag dem Winterhilfswerk zu spenden*
13/1947	fremdrassig
13/1947	Hitler
13/1947	Hitlergruß
13/1947	Hitlerjunge *Angehöriger der Hitlerjugend*
13/1947	HJ: Hitler-Jugend
13/1947	kriegsbereit, Kriegsbereitschaft
13/1947	Kriegswissenschaft *Wissenschaft, die sich mit der Entwicklung des Militär- und Kriegswesens befasst*
13/1947	Nährfreiheit, Nahrungsfreiheit *Sicherung des Bedarfs an Lebensmitteln aus der eigenen Volkswirtschaft, Ziel der NS-Agrarpolitik*
13/1947	Napola, NPEA *Nationalpolitische Erziehungsanstalt; als Internat geführte Eliteschule der Nationalsozialisten*
13/1947	NS-Gemeinschaft »Kraft durch Freude« *NS-Freizeitorganisation*
13/1947	Rassenaufartung
13/1947	Rassenschutz
13/1947	Rassenverfall
13/1947	Schutzstaffel (SS) *NS-Organisation, die wichtigste Trägerin des Terrors und der Vernichtungspolitik des NS-Staates*

13/1947 Sturmbannführer	**13/1947** Volksschädling
Führer eines Sturmbanns, einer Einheit der SS	*nach den Vorstellungen des Nationalsozialismus jemand, der dem Volk schadet; Verbrecher*
13/1947 verjuden	
nationalsozialistisch: unter jüdischen Einfluss geraten, Verjudung	
13/1947 Volksgasmaske	**13/1947** Weltfeind *nationalsozialistisch: Gesamtheit der Juden*
(VM) *umgangssprachlich: während des Zweiten Weltkriegs für die Zivilbevölkerung vorgesehene Gasmaske*	**13/1947** Winterhilfswerk
	Hilfswerk im Dritten Reich zur Beschaffung von Kleidung, Heizmaterial und Nahrungsmitteln für Bedürftige im Winter
13/1947 Volksgerichtshof	
Sondergericht während des Dritten Reiches zur Verfolgung aller Handlungen, die während der NS-Zeit als strafwürdig definiert waren	**14/1954**ᵂ **14/1951**° Entvolkung
	nationalsozialistisch: Entfremdung gegenüber den vermeintlichen Eigenschaften des eigenen Volkes
13/1947 Volkspflegerin	**15/1961**ᵂ **14/1951**°
Sozialarbeiterin im Dritten Reich	fremdvölkisch

17/1973[w] 14/1951[o] Rassenkampf
Kampf zwischen Rassen,
ethnischen Gruppen

17/1973[w] 14/1951[o] Volksverräter
abwertend für: jemand,
der das eigene Volk ver-
rät, hintergeht, betrügt

18/1980[w] 14/1951[o]
Rassengeschichte

18/1980[w] 14/1951[o] Rassenhygiene *in der rassisti-*
schen NS-Ideologie: Ge-
samtheit von Maßnahmen
zur Erhaltung und Ver-
besserung der vermeint-
lich im Erbgut veranker-
ten Eigenart eines Volkes,
besonders der sogenann-
ten Arier

23/2004 Zinsknechtschaft[1]
im Mittelalter: Abhän-
gigkeit des Zinsbauern
vom Grundherrn; im
NS-Sprachgebrauch:
»Brechung der Zins-
knechtschaft« als wirt-
schaftspolitisches Schlag-
wort im Dritten Reich,
gegen jüdische Gläubiger
gerichtet

24/2006 Sippenforschung
Genealogie

24/2006 Sippenkunde
Genealogie,
sippenkundlich

---

1   Vgl. Fußnote 2 auf S. 124.

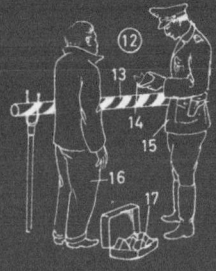

In der Sprache vereint
Der Einheitsduden

»*Mein schönstes deutsches Wort ist Libelle, weil ich Wörter mit dem Buchstaben ›l‹ liebe und dieses Wort sogar drei davon hat. Das flutscht so auf der Zunge«,* lautete die Begründung des damals neunjährigen Sylwan Wiese, der 2004 den Kinderwettbewerb um das schönste deutsche Wort, den der Deutsche Sprachrat in Zusammenarbeit unter anderem mit der Deutschen Welle und dem Dudenverlag ausgeschrieben hatte, gewann.

Mal ist es der Klang eines Wortes, oft der Klang in Verbindung mit seiner Bedeutung. Denke ich in dieser Hinsicht an die Zeit der deutschen Teilung, kommen mir die *Datsche* oder der *Kaskadeur*, aber auch ein so trauriges und zugleich schönes Wort wie *Tränenpalast* in den Sinn. Hat man bei letzterem doch direkt vor Augen, welche Gefühle die Ausreisehalle an der Berliner Friedrichstraße erfüllten, wenn sich die Menschen aus Ost- und West-Berlin oder Ost- und West-Deutschland am Kontroll- und Abfertigungsschalter der Grenztruppen der DDR voneinander verabschiedeten. Hier wurde geweint und gleichzeitig wurden gesetzeskonform Rituale der Unfreiheit vollzogen. Und die bedrückende Funktion und Stimmung dieses heutigen Erinnerungsortes der deutschen Teilung wurde dann vom Volksmund in eine poetische und einfühlsame Wortschöpfung überführt. In der Nacht vom 9. zum 10. November 1989 öffnete sich an einem anderen Grenzübergang, es war an der Bornholmer Straße, 28 Jahre nach ihrem Bau die Mauer. Um 23:29 Uhr ließ der Oberstleutnant Harald Jäger »*eigen-*

mächtig und entgegen der Befehlslage« die Grenzübergangsstelle
öffnen und sämtliche Passkontrollen einstellen. Zwischen 1:00
Uhr und 2:00 Uhr morgens überwanden Tausende von Ost- und
West-Berlinern die Mauer am Brandenburger Tor und liefen über
den Pariser Platz. Und die Menschen tanzten die Nacht hindurch
auf der Mauer, die die Stadt so lange geteilt hatte. Der Rest der
Geschichte ist bekannt.

Seit Mitte der Achtzigerjahre und während des Mauerfalls und
der Wendejahre entstanden zahlreiche Neologismen, die den
Wortschatz der deutschen Sprache bis heute bereichern. Sie benennen nicht nur einzelne Aspekte des historischen Ereignisses,
in die richtige Reihenfolge gesetzt, erzählen sie es in wenigen Worten nach.

*Glasnost, Perestrojka, Montagsdemonstration, gesamtdeutsche Frage,
Mauerspecht, Begrüßungsgeld, Ossi, Wessi, Besserwessi, Wendehals.*

Am Ende der Wortkette deutet sich bereits an: Es war und ist nicht
alles eitel Sonnenschein. Die *Jammerossis* sind passiv, pessimis-
tisch und paranoid und der *Wessi* bleibt arrogant, ist skrupellos
nur auf den eigenen Vorteil bedacht und hat es im Grunde schon
immer besser gewusst. Es fremdelt gehörig, und die Mauer tragen
die Menschen mittlerweile als Brett vor dem Kopf mit sich rum.

So schlimm ist die deutsch-deutsche Stimmungslage insgesamt
gesehen hoffentlich nicht, aber die Zuweisung jeweiliger Stereoty-
pe nimmt zumindest gefühlt eher zu als ab. Man spricht die gleiche
Sprache und versteht sich doch nicht. Woran das liegt, beschäftigt
die Sprachforschung und die Soziologie gleichermaßen. Die unterschiedlichen Erfahrungen, Handlungs- und Bewertungsmuster
führten zu unterschiedlichen Annahmen über die Welt. Den Menschen in der DDR kam beinahe über Nacht ihr Staat abhanden: mit
all seinen Strukturen und Gewissheiten. Viele verloren ihre Arbeit,
ihre Biografien wurden entwertet. Die Menschen im Westen konn-

ten hingegen weitestgehend so weiterleben wie bisher. So lassen sich rudimentär einige der wesentlichen Faktoren umschreiben. Die Bürgerrechtlerin Ulrike Poppe nannte den für die ehemaligen DDR-Bürger notwendigen Anpassungsprozess einseitig, es habe sich dabei im Grunde um eine »*assimilatorische Integration*« gehandelt. »*Die ostelbische Minderheit musste sich die in der alten Bundesrepublik gewachsenen Wertmaßstäbe und Verhaltenscodes zu eigen machen.*« Das war auch sprachlich eine große Herausforderung. In einem Blog des Historischen Museums in Berlin ist unter der Überschrift »Die Sprache der Wende« ein Beitrag eingestellt, der das sehr anschaulich beschreibt:

> *Während zahlreiche in der DDR geläufige Begriffe, insbesondere aus der Arbeitswelt oder dem offiziellen Sprachgebrauch, nach der Wende sang- und klanglos verschwanden, liegt die Zahl der übernommenen Vokabeln aus dem Westen bei 2000 bis 3000 Wörtern. Statt Feinfrost, Kollektiv und Kaufhalle hieß es fortan Tiefkühlkost, Team und Supermarkt. Im Osten unbekannt waren Begriffe wie [...] Spielothek und Hamburger sowie eine Vielzahl im Westen gängiger Anglizismen wie Kids oder Outfit. Umorientieren mussten sich die Ostdeutschen auch in den Bereichen Politik, Wirtschaft und Verwaltung. Hier wich der ideologisch geprägte DDR-Staatsjargon plötzlich einer neuen West-Fachsprache.*

> *Die ehemaligen DDR-Bürger hatten auf dem Gebiet der Sprache eine enorme Anpassungs- und Integrationsleistung zu bewältigen. Anders die Westdeutschen: Nur [...] 14 ehemals ostdeutsche Begriffe gingen in den gesamtdeutschen Wortschatz über, darunter abnicken, andenken, Exponat oder Fakt. Plaste und Elaste hingegen, die alten DDR-Begriffe für harte und weiche Kunststoffe, wurden im Westen ebenso ignoriert wie Hunderte weitere.*

Die genannten Fakten lassen sich nicht so leicht nachprüfen. Aber die Zahl von 2000 bis 3000 Vokabeln taucht in zahlreichen Artikeln auf. Gehen wir also einfach davon aus, dass es sich, ohne sie konkret zu beziffern, um viele neue Wörter handelte, die man verstehen, lernen und zu deuten wissen musste. Zahlreiche davon, so ist zu vermuten, standen in der 19. Ausgabe des Mannheimer Dudens, der 1986 erschienen ist. Er enthielt etwa 110.000 Stichwörter, bei der 18. Auflage des Leipziger Dudens von 1985 sind es 70.000 bis 75.000 gewesen. Die letzte gemeinsame Dudenausgabe, es war die 13. Auflage von 1947, kam zuerst in Leipzig heraus und wurde dann für die drei westlichen Besatzungszonen lizenziert.

Nach der Wende bot sich nun endlich wieder die Gelegenheit, die beiden Wörterbücher zusammenzufügen. Dies geschah rasch. Bereits 1991 erblickte der sogenannte Einheitsduden das Licht der Welt und so wurden mit der 20. Auflage als Gemeinschaftswerk der Dudenredaktion in Mannheim und des Lektorats Deutsch in Leipzig der »Duden Ost« und der »Duden West« miteinander vereint, wobei der Westduden die Basis bildete. Da drängt sich die Frage auf, ob es sich mit der Wiedervereinigung des Dudens so verhalten hat wie mit der politischen und gesellschaftlichen Wende. Einerseits ja, denn die Konzeption, die Lemmaauswahl und der Aufbau der Artikel wurden aus dem Mannheimer Duden übernommen. Aber wurde auch der bundesdeutsche Sprachgebrauch als Norm angesehen und der Sprachgebrauch in der DDR als Normabweichung? Nein, denn der Mannheimer Duden (19. Auflage von 1986) enthielt rund 130 Einträge mit dem Hinweis »DDR«. Rund 25 von ihnen gelangten nicht in den Einheitsduden. Aus dem Leipziger Duden wurden gleichzeitig etwa ebenso viele aufgenommen, weshalb die Zahl der DDR-Spezifika im Einheitsduden insgesamt, wie der Sprachwissenschaftler Burkhard Schaeder in dem Aufsatz »Wir sind das Wörterbuch!« 1994 ausführte, im Vergleich zum Mannheimer Duden nahezu unverändert blieb.

Und dennoch: Der DDR-typische Wortschatz ist natürlich weitaus größer. Er umfasst ca. 2000 Wörter. Dazu gehören ironische Wortprägungen der Alltagssprache, Markennamen, ideologisch geprägte Begriffe, Lehnwörter aus dem Russischen, nicht zu vergessen das in der DDR verwendete Bürokratendeutsch, DDR-typische mehrgliedrige Komposita, Losungen und Schlagworte, offizielle Redewendungen usw. usf. Es wäre schade, wenn sie dauerhaft verloren gingen, doch der Duden hat nicht die Aufgabe, ein Wortmuseum zu sein. Es gibt zahlreiche Publikationen, die diesen Wortschatz bewahren.

Welche Wörter mit DDR-Bezug haben es nun nicht in den Einheitsduden (20/1991) geschafft? Hier eine Auswahl: Blauhemd, Interkosmos, Ferienscheck, »Mach mit!«-Wettbewerb, Postmietbehälter, Dederon, Thälmannpionier, Hausfrauenbrigade, Zeitkino. Alle diese Wörter standen in der letzten (18.) Auflage des Ost-Dudens; lediglich *Hausfrauenbrigade* war – als DDR-Wort gekennzeichnet – nur im letzten West-Duden verzeichnet.[1]

Ein Mensch, der in der DDR sozialisiert wurde, wird jedes dieser Wörter kennen, ein im Westen sozialisierter eher nicht. Aber statt die Wörter an dieser Stelle zu erklären, erlaube ich mir, die Leser auf eine Exkursion mitzunehmen, die unter die Rubrik »Archäologie des Alltags« fällt. Was ist auf dem größten Kleinanzeigenmarkt der Welt, bei eBay, zu den gestrichenen Wörtern zu finden, was bei einem Gang über einen Berliner Flohmarkt, nämlich den am Arkonaplatz am Prenzlauer Berg, wo sich neben viel Krimskrams vor allem auch Möbel und Produkte aus der ehemaligen DDR finden lassen? Und wie werden die dazugehörigen Produkte auf diesen beiden sehr unterschiedlichen Marktplätzen angepriesen? Eine Begriffserklärung der anderen Art, die mir deshalb interessant erscheint, weil es hier nicht darum gehen soll, die

---

1   Im Ost-Duden stand *Hausfrauenbrigade* in der 16. Auflage von 1967 und der 17. Auflage von 1976.

gestrichenen Wörter und deren Bedeutung en détail zu beschreiben, sondern anzudeuten, welche Spuren sie heute noch hinterlassen. Mir ist dabei bewusst, dass sich bei vielen Menschen, die in
der DDR aufgewachsen sind und gelebt haben, weitaus konkretere
und komplexere Erinnerungen einstellen, ich aber bin im Westen
sozialisiert und die DDR war in meiner vor allem kindlichen Vorstellung ein weißer und gleichwohl mysteriöser und gefährlicher
Ort, eine Terra incognita, die mein Vater 1953 Hals über Kopf über
die Berliner Friedrichstraße flüchtend als 18-Jähriger verlassen
musste. Der Verlust der Heimat, die er erst 37 Jahre später wieder-
sah, die jahrelange Trennung von seinen Eltern und Geschwistern,
die 1960 in den Westen folgten, und viele andere damit verbundene Themen sind Teil meiner Familienbiografie, was aber fehlte,
war, bis auf ein paar Ausflüge nach Ostberlin als Jugendlicher und
junger Erwachsener, die eigene Anschauung.

Aus einer Ebay-Anzeige:

Blauhemd:
FDJ Hemd Bluse Freie Deutsche Jugend
original Kult Vintage

Ein Stück Ostalgie!
Sie können hier ein FDJ Hemd Bluse erwerben.
Es ist eine original DDR Produktion mit FDJ
 Ärmelaufnäher und Schulterknöpfe mit Emblem.
Auf der Vorderseite befindet sich links und
rechts der Knopfleiste jeweils eine Brusttasche.

Bluse Uniform Ostalgie Karneval Faschingsartikel Andenken
Für Sammler und Liebhaber der guten alten
DDR Erzeugnisse eine echte Erungenschaft

Interkosmos:

Auf dem Arkonaplatz fällt mir ein sehr schöner, in kräftigen Farben gewebter kreisrunder Stoffaufnäher in die Hand. Darauf in Gelb eine stilisierte Rakete, an deren oberem Ende rot der Sowjetstern prangt. Sie erhebt sich und strebt, sich vom blauen Horizont entfernend, dem Weltall zu. Kosmonaut wollte als Kind auch der Verkäufer werden, Sigmund Jähn hieß ein Held seiner Kindheit, erzählt er mir.

Ferienscheck:

Auf seinem Tapeziertisch findet sich auch ein altes Buch: »Unser FDGB-Urlauberschiff Fritz Heckert - Eine populärtechnische Schiffsbeschreibung« und in diesem 1961 im VEB Verlag Technik, Berlin, erschienenen Buch lese ich:

> *Hunderttausende von Werktätigen unserer Republik fahren in jedem Jahr mit einem Ferienscheck des FDGB an die See oder in die Berge. Tausende können sich auf unseren herrlichen Urlauberschiffen »Völkerfreundschaft« und »Fritz Heckert« erholen und neue Kraft für ihre Arbeit schöpfen. Eine Urlaubsreise mit diesen schwimmenden Ferienheimen nach fremden Meeren und fernen Ländern vermittelt unvergeßliche Eindrücke.*

> *Viele Urlauber werden auf dem modernen Gasturbinen-Motorschiff »Fritz Heckert« zum ersten Male in ihrem Leben eine Seereise unternehmen. Gerade ihnen soll unser Büchlein helfen, sich in der verwirrenden Fülle des ungewohnten Neuen zurechtzufinden und das Zusammenwirken der vielen hochentwickelten technischen Einrichtungen dieses Schiffes zu verstehen. Es soll Antwort auf die zahlreichen Fragen geben, die in Verbindung mit dem Bau, der Einrichtung, der maschi-*

nellen und elektrischen Ausrüstung des Schiffes und darüber hinaus mit der Seefahrt unter sozialistischen Verhältnissen gestellt werden. So hoffen wir, daß wir nicht nur den Fahrgästen der »Fritz Heckert«, sondern auch allen anderen Interessenten Wissenswertes über das Schiff und die Schiffahrt vermitteln.

»Mach mit!«-Wettbewerb:

Sehr zahlreich sind bei Ebay die Angebote für »Mach-mit«-Ehrenabzeichen, wie ich bei einer ersten Recherche entdecke.

»Schöner unsere Städte und Gemeinden« steht auf einer rot emaillierten rechteckigen Medaille, die in einem Kunstlederetui steckt. Sie zeigt mittig einen Baumstamm und das DDR-Nationalsymbol, darunter die Ziffer 20, ferner den Satz: »*Für hervorragende Leistungen im Wettbewerb*«. Ich finde heraus: Gestiftet wurde sie anlässlich des 20. Jahrestages der DDR-Gründung 1969, um ehrenamtliche Arbeit auszuzeichnen. Was dafür konkret geleistet wurde, bleibt in diesem Fall unklar, aber das Einstiegsgebot liegt bei 40 Euro.

Postmietbehälter:

antiker Postmietbehälter Typ F

Hier verkaufen wir einen antiken Postmietbehälter Typ F aus der ehemaligen DDR.

Der Behälter ist im gebrauchten Zustand und stammt aus einem Dachbodenfund.

Stärkere altersbedingte Gebrauchsspuren wie Flecke, Verschmutzung und vereinzelt Abschürfungen sind vorhanden.

Auf dem Behälter befinden sich noch alte Adressaufkleber.

Höhe: ca. 36 cm

Breite: ca. 36 cm

Länge: ca. 51,5 cm ...

ist in einer weiteren Ebay-Anzeige zu lesen. Ich bin versucht, darauf zu bieten, denn mir gefällt der quadratische Karton aus grober

Pappe, der an den Seiten geklammert ist und dessen Deckel mit dem gestempelten Hinweis: »*Eigentum der Deutschen Post*« versehen ist. Aber dann lasse ich es bleiben.

Dederon:

Ein anderer Stand auf dem Arkonaplatz, eine Reihe weiter. Hier hängen, säuberlich auf Kleiderbügel gehängt, sicher ein Dutzend Kittelschürzen. Auf Englisch erklärt die Händlerin zwei Touristinnen: »*Typical clothes for a housewife in eastern Germany. Made of Dederon*«, höre ich sie sagen. Während ich den synthetischen Stoff durch meine Finger gleiten lasse und Gänsehaut bekomme, kichern die beiden jungen Frauen. »*Only 20 Euro each*«, sagt die Frau. »*You know, directly from the housewifehell.*« Es wird ein Hausfrauenhöllengeschäft. Drei Kittelschürzen wechseln die Besitzerin. Die Frauen einigen sich auf einen Gesamtpreis von 47 Euro.

Thälmannpionier:

Noch ein paar Stände weiter schlage ich ein Kinderbuch auf. Es ist aus dem Kinderbuchverlag Berlin. Erschienen 1965, lautet der Titel: »Zwischen 13 und 14 - Ein Almanach für Thälmann-Pioniere«. Und das Inhaltsverzeichnis erzählt viel und offenbart eine erstaunliche und durchaus überraschende Themen- und Autorenvielfalt:

Wie ich mit Walter Ulbricht spazieren ging ——— Erich Glückauf
... gehört dem Volk ————————————— Kuba
Ratschläge Walter Ulbrichts ————————————
Wie Karin ihr Vaterland fand ————————————
Tag des Lehrers ————————— Johannes R. Becher
Worte zur Beherzigung ———————— J. W. Goethe
Des Friedens General ——————— Gerhard Baumert
Kann auch die Haut atmen? ————————————
Ist Denken ein Vergnügen? ————— Benito Wogatzki
An einen Jugendfreund ————— Alexander Fadejew

Die Eiskuh ——————————————— Erwin Strittmatter

Im Lande des Stara Planina ———————— Werner Heiduczek

Daneben ———————————————— Wilhelm Busch

Der erste Kuß ——————————————— Horst Bastian

Wie der Mensch zum Menschen ward ————————————

Seine Freunde nannten ihn Mohr ———————— Eleanor Marx

Freude, schöner Götterfunken ————————— Friedrich Schiller

Die Entscheidung ——————————————— Lilo Hardel

Temperamentvoll, witzig und gescheit ————— Käte Duncker

Auf den Spuren der Oktoberrevolution ———— Gerhard Baumert

Ein ganzer Mensch ———————————————————

Sprichwörtlich ———————————————— J. W. Goethe

Der heilige Nikolaus in der Kaserne ————— E. R. Greulich

Am See ——————————————— Erwin Strittmatter

Die Dachsnase ————————— Konstantin Paustowski

Leise zieht durch mein Gemüt ———————— Heinrich Heine

Durch Feld und Flur ——————————— Helmut Trettin

Wir bauen ein Haarhygrometer ————————————————

Doris ————————————————— Herbert Friedrich

Alle treiben Sport ————————————— Wolfgang Plaue

Bruder Bleichgesicht ——————————————— S. Narinjani

Die nichtgewollte Fahrt ————————— Brigitte Birnbaum

u. v. a.

Hausfrauenbrigade:

Am Boden, zu meinen Füßen, liegen in Kartons unzählige Ausgaben der Tageszeitung »Neues Deutschland«. In der Ausgabe vom 16. 06. 1963 finde ich neben vielen Artikeln über die Raumfahrt und den Klassenfeind unter der Schlagzeile »*Hausfrauenbrigaden helfen*« folgende Zeilen:

> *Zahlreiche Hausfrauenbrigaden des DFD helfen den Berliner landwirtschaftlichen und gärtnerischen Produktionsgenossenschaften. In Lichtenberg hat die DFD-Gruppe 9*

sich verpflichtet, wöchentlich 50 Stunden in der LPG »Freie Erde« in Kaulsdorf zu arbeiten. Die Vorsitzende der Gruppe, Gisela Sänke, überbot ihre Verpflichtung bereits mit 28 Stunden [...]

Zeitkino:

Und zu guter Letzt ein weiterer Ebay-Fund:
Ansichtskarte Partie vor dem Hauptbahnhof Leipzig, Seitenansicht, Parkplatz, DEFA Zeitkino
sehr guter Zustand

Vom Kino selbst ist auf der Postkarte leider fast nichts zu sehen. Das »DEFA-Zeitkino« befand sich von 1950 bis 1992 unter der Osthalle des Bahnhofs zwischen Gleis 22 und 23. In Endlosschleife wurden dort täglich Kurz- und Spielfilme gezeigt. Aktualitätenkinos hießen die Bahnhof-Kinos in Westdeutschland. Dieses Wort findet sich weiter auf Duden online, ergänzt um die Begriffserklärung: *(Filmtheater mit [durchgehend laufendem] aus Kurzfilmen verschiedener Art gemischtem aktuellem Programm; Kurzwort: Aki).*

Eine Auswahl gestrichener Wörter

Alle Wörter wurden aus der 20. Auflage von 1991 gestrichen und sind DDR-spezifischer Wortschatz. Der Buchstabe M bzw. L in der linken Spalte gibt an, ob das Wort in der letzten Auflage *vor* seiner Streichung im Mannheimer (M) oder im Leipziger (L) Duden (oder in beiden) stand.

L	agrochemisches Zentrum (ACZ) *Einrichtung, die für die Lagerung und Ausbringung von Agrarchemikalien wie Dünger und Pflanzenschutzmitteln zuständig ist*	M	Brigadeplan *Produktions-, Kosten- und Terminplan eines Arbeitskollektivs*
M	Aktivistenbrigade *sozialistisches Arbeitskollektiv, das sich durch besondere Leistungen auszeichnet*	L	DEDERON, Dederon *Kunstwort aus »DDR« und »-on«, der Endung von Bezeichnungen für Chemiefasern: Bezeichnung für Polyamidfaserstoffe der DDR*
L	Arbeitsgesetzbuch (AGB)	L	Dienstleistungskombinat (DLK) *kommunaler Dienstleistungsbetrieb*
M	Berufswettbewerb *Wettbewerb der Jugend um die besten beruflichen Leistungen*	L	Ehrenbanner *besonderes Banner, das von Parteien, Organisationen und anderen staatlichen Einrichtungen für besondere Leistungen verliehen wird*
M+L	Betriebsgewerkschaftsleitung (BGL)		
L	Blauhemd *blaues Hemd, das zur offiziellen Kleidung von Mitgliedern der Freien Deutschen Jugend gehört*	M	Erfüllungssoll *Plansoll*
		M	Erntekampagne *Kampagne zur Ernteeinbringung*

L   Exquisitverkaufsstelle[1]
Geschäft für auserlesene Waren zu hohen Preisen

L   Ferienscheck
Scheck für Mitglieder des Freien Deutschen Gewerkschaftsbundes und ihre Angehörigen, der den Anspruch auf eine vergünstigte Ferienreise bestätigt

M   Hausfrauenbrigade
aus nicht berufstätigen Hausfrauen zusammengesetzte freiwillige Arbeitsgruppe, die in Betrieben aushilft

L   Hausvertrauensmann
Vertreter der Hausgemeinschaft

M   Hüttenkombinat
Kombinat, das verschiedene Betriebe der Hüttenindustrie zusammenfasst

L   Initiativschicht
Sonderschicht mit gesteigerter Produktivität

L   Interkosmos
Raumfahrtorganisation der Länder des Rats für gegenseitige Wirtschaftshilfe (RGW)

L   Jugendobjekt
etwas, für dessen Herstellung, Aufbau, Pflege o. Ä. Jugendliche die Verantwortung tragen

L   Jugendwerkhof
staatliches Erziehungsheim für straffällige und schwer erziehbare Jugendliche

L   Kaderakte *Personalakte*

L   Kommissionshändler
Einzelhändler, der im Auftrag des staatlichen sozialistischen Handels Waren vertreibt

---

1   Der *Exquisitladen* steht bis heute im Duden.

L »Mach mit!«-Wettbewerb
Wettbewerb, der Bürgerinnen und Bürger veranlassen soll, ihre Wohnverhältnisse selbstständig und unentgeltlich zu verbessern, z. B. durch Streichen oder Gartenarbeit

L Masseninitiative, volkswirtschaftliche (VMI)
freiwilliger Arbeitseinsatz von Gruppen, z. B. zur Verschönerung der Nachbarschaft

L nachnutzen
für die Produktion ausnutzen, verwerten

L Namensweihe
feierliche Namensgebung bei einem Neugeborenen als Ersatz für die christliche Taufe

M NSW
nichtsozialistisches Wirtschaftsgebiet; alle Länder, die nicht im Rat für gegenseitige Wirtschaftshilfe (RGW) sind und sich nicht an sozialistischen Wirtschaftsprinzipien orientieren

L ORWO *Kurzwort aus »***Or**iginal **Wo**lfen«: Warenzeichen für die Erzeugnisse des VEB Filmfabrik Wolfen*, ORWOCOLOR *Dreischichtenfarbfilm des VEB Filmfabrik Wolfen*

L Parteiveteran
Person, die zu den altgedienten Mitgliedern einer Partei gehört

L Perspektivplan
staatlich festgelegter Plan, der für längere Zeitabschnitte die Hauptrichtung der wirtschaftlichen, wissenschaftlichen oder kulturellen Entwicklung bestimmt

M polytechnische Erziehung
Erziehungsprinzip mit Betonung

des naturwissenschaftlichen Unterrichts und seiner Verbindung mit der praktischen Arbeit

L **Postmietbehälter**
von der Post vermietete Verpackung für Postsendungen

L **Reparaturstützpunkt**
Einrichtung der kommunalen Wohnungsverwaltung, die Reparaturen ausführen lässt oder Mietern durch Ausgabe von Material und Werkzeugen und durch Beratung die Reparatur ermöglicht

L **Seminargruppe**
Klasse von Studierenden

L **Sprachkabinett**
Sprachlabor, besonders an Schulen

L **Sprachkundigenprüfung**
Sprachprüfung

L **Thälmannpionier**
Mitglied der sozialistischen Pionierorganisation für Kinder und Jugendliche, benannt nach dem Politiker Ernst Thälmann

M **Veteranenheim** *Altersheim*

L **Zeitkino**
Kino, das insbesondere Kurzfilme zum aktuellen Zeitgeschehen zeigt

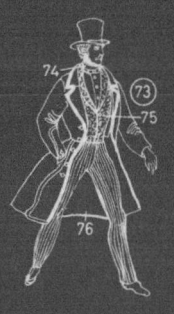

Do you like Denglisch?

Wörter aus anderen Sprachen

»Anglizismen im Duden - Eine Untersuchung zur Darstellung englischen Wortguts in den Ausgaben des Rechtschreibdudens von 1880-1986« lautet der Titel der Dissertation, mit der der Linguist Ulrich Busse 1993 promovierte. Keine andere wissenschaftliche Arbeit hat sich vorher oder danach so intensiv mit den in den Duden aufgenommenen und aus den Dudenauflagen ab 1915 teilweise wieder gestrichenen Wörtern beschäftigt, die aus dem Englischen oder dem amerikanischen Englisch stammen. Busses Dissertation ist somit eine wichtige Grundlage für dieses Kapitel.

Beginnen möchte ich mit einer womöglich nur gefühlten Wahrheit, nämlich der, dass die Zahl der aus dem Englischen oder amerikanischen Englisch übernommenen Wörter zunimmt und dass unsere Alltagssprache immer mehr von ihrem Gebrauch geprägt ist.

Der Duden scheint das zu widerlegen. Der Anteil der Lehn- und Fremdwörter aus dem Englischen und dem amerikanischen Englisch, die in ihm enthalten sind, liegt seit Jahren konstant bei etwa 3,7 Prozent. Ulrich Busse hat festgestellt, dass der erste Duden von 1880 bei 28.300 aufgeführten Stichwörtern 385 Anglizismen aufwies, was einem Prozentsatz von 1,36 Prozent entsprach. 1986 lag der Anteil beim Leipziger Duden mit 2,77 und beim Mannheimer Duden mit 3,46 Prozent zwar signifikant höher als 1880, aber in den letzten dreißig Jahren hat sich der prozentuale Anteil der Anglizismen kaum verändert. Dass die deutsche Sprache zu einer Kolonie der englischen geworden ist oder zu werden droht, lässt sich durch diese Zahlen also nicht belegen. Oder ist der englischsprachige Wortschatz im Duden gar nicht repräsentativ und werden im Alltag, im wirklichen Leben, weitaus mehr Anglizismen verwendet? Im Alltag begegnen wir sowohl der gesprochenen Sprache als auch der Schrift- oder Standardsprache. Wir verwenden Anglizismen privat und beruflich aktiv wie passiv, indem wir reden und zuhören, lesen, schreiben oder etwas vortragen. Oder wir begegnen ihnen in anderen Medien wie dem Radio oder dem Fernsehen. Und wie häufig wir Anglizismen verwenden oder ihnen begegnen, hängt von der Bedeutung ab, die sie für unseren Alltag haben. Das heißt im Umkehrschluss, nicht alle Anglizismen, die wir kennen, benutzen wir auch und nicht alle sind gleich präsent. Der aktuelle Duden enthält 145.000 Stichwörter, und darunter sind ungefähr 5000 Anglizismen. Die Anzahl der Stichwörter entspricht nicht dem Wortschatz der deutschen Sprache, der ist weitaus höher, und die aufgenommenen Anglizismen bilden nicht den Gesamtbestand der im Deutschen verwendeten Fremdwörter aus dem Englischen ab, aber der Duden, und das macht die Auswahl dann doch repräsentativ, nimmt diejenigen Wörter neu auf, die gebräuchlich sind, und streicht jene, die nicht mehr oder kaum noch verwendet werden. Die der Auswahl zugrunde liegende elektronische Textsammlung, das Dudenkorpus, umfasst mehr als vier Milliarden Wortformen, und ein neues Wort wird nur dann aufgenommen, wenn es auch in Zeitungen, Büchern oder anderen Medien verwendet wird und sein regelmäßiger Gebrauch somit nachgewiesen werden kann.

Übrigens: Anglizismen machen an den im Rechtschreibduden verzeichneten Wörtern fremden Ursprungs insgesamt noch nicht einmal den größten Teil aus. Hochrechnungen zeigen, dass Wörter lateinisch-griechischer Herkunft noch wesentlich häufiger sind. Und Wörter, die aus dem Französischen ihren Weg zu uns gefunden haben, kommen in ihrer Zahl an die aus dem Englischen fast heran.

Die Frage, wie häufig bestimmte Anglizismen verwendet werden, beschäftigte auch Wissenschaftler der »Union der deutschen

Akademien der Wissenschaften« und der »Deutschen Akademie für Sprache und Dichtung«. Das Ergebnis ihrer gemeinsamen fünfjährigen Forschung stellten sie 2014 unter dem Titel »Erster Bericht zur Lage der deutschen Sprache« vor.

Die Forscher untersuchten zwei Zeiträume, einmal den Beginn des 20. Jahrhunderts und dann den Beginn des 21. Jahrhunderts (1995-2004). Das von ihnen ausgewertete Textkorpus für den ersten Zeitraum bestand aus zehn Millionen Textwörtern und 371.574 gezählten Wörtern des Standarddeutschen. Davon waren etwa 1300 Anglizismen (das entspricht einem Anteil von 0,35 %), von denen aber nur 19 sehr häufig vorkamen, 873 wurden nur ein einziges Mal verwendet.

Im zweiten Untersuchungszeitraum (also 1995-2004) war das Textkorpus etwa gleich groß. Die Zahl der Anglizismen lag nun bei rund 13.000 Wörtern, was einem Prozentsatz von 3,5 Prozent entsprach. Auch hier gab es wenige Anglizismen, die sehr oft, und sehr viele Anglizismen, die sehr selten verwendet wurden. Die Forscherinnen und Forscher kamen zu dem Ergebnis, dass der strukturelle Einfluss der Anglizismen auf die deutsche Sprache marginal sei, dass es aber Varietäten gebe, in denen die Bedeutung von Anglizismen höher oder geringer sei als beim Durchschnittsergebnis.

Die Liste der meistverwendeten Anglizismen im zweiten Untersuchungszeitraum liest sich so:

> **Substantive:** *Dollar, Team, Londoner, Partner, Trainer, Internet, Konzern, Manager, Job und Computer.*

> **Verben:** *starten, stoppen, testen, trainieren, parken, schockieren, surfen, flirten, interviewen und klicken.*

> **Adjektive:** *fair, live, fit, cool, touristisch, clever, sexy, crazy, happy und geklont.*

Ein Aspekt, der bei Diskussionen über die Verwendung von Anglizismen oder Fremdwörtern anderer Herkunft gerne vergessen wird, ist der Umstand, dass die hochdeutsche Schriftsprache zum einen nicht sehr alt und zum anderen kein Gottesgeschenk ist, sondern sich unter der Einflussnahme einzelner Akteure entwickelte.

Eine vereinheitlichte hochdeutsche Schriftsprache entstand im deutschen Sprachraum erst, nachdem Luther 1522 die Bibel ins Deutsche übersetzt hatte. Aber nicht ohne Streit und nur sehr langsam, denn die konfessionellen Grenzen spielten auch für die Ausbildung der Standardsprache eine große Rolle. Erst als die Habsburger eine von Johann Christoph Gottsched entwickelte Schriftvariante als Amtssprache einführten, war der Konflikt ausgestanden. Dennoch gab es recht früh Bestrebungen, in die deutsche Sprache aufgenommene Fremd- und Lehnwörter durch deutsche Wörter zu ersetzen. Diese »Verdeutschungen« waren unterschiedlich motiviert. Joachim Heinrich Campe, Schriftsteller, Sprachforscher, Pädagoge und einer der wichtigsten deutschen Verleger zur Zeit der Aufklärung, erfand für über 11.000 Wörter Verdeutschungen, weil er den weniger gebildeten Schichten die Teilhabe an den öffentlichen Diskursen dadurch ermöglichen wollte. Mit der Gründung des deutschen Nationalstaats spielten dann zunehmend nationalistische und chauvinistische Gründe eine Rolle. Zu den von Campe erfundenen Wortneuschöpfungen, die uns heute vertraut sind, zählen beispielsweise *altertümlich* für *antik*, *Esslust* für *Appetit*, *Feingefühl* für *Takt* oder *Streitgespräch* für *Debatte*.

1885 gründete sich der »Allgemeine Deutsche Sprachverein«. In der Satzung des Vereines wurden folgende Ziele formuliert:

1. *die Reinigung der deutschen Sprache von unnötigen fremden Bestandtheilen zu fördern, –*

2. *die Erhaltung und Wiederherstellung des echten Geistes und eigentümlichen Wesens der deutschen Sprache zu pflegen – und*

3. *auf diese Weise das allgemeine nationale Bewusstsein im deutschen Volke zu kräftigen.*

Wie einigen Vorworten früherer Dudenauflagen zu entnehmen ist, gab es enge Kontakte zwischen einzelnen Dudenredaktionen und dem Sprachverein und so hieß es 1929 einleitend: »*Der Einfluss des Allgemeinen Deutschen Sprachvereins spiegelt sich in diesem Buche vor allem in vermehrter Wiedergabe neuer gelungener Verdeutschungen.*« Dass aber die Anzahl der im Duden gelisteten Anglizismen deshalb insgesamt stark zurückging, ist nicht der Fall. Ulrich Busse weist sogar nach, dass die Aufnahme neuer Anglizismen aus den Bereichen Sport, Naturwissenschaft, Technik und Sport 1929 einen hohen Anteil der Neuaufnahmen ausgemacht hat.

Die Integration von Fremdwörtern ist übrigens ganz unterschiedlich verlaufen und lässt sich anhand der Wörterverzeichnisse gut verfolgen. So stand die Scheckpfeife (11/1934), eine eingedeutschte Schreibweise für die (bis heute im Duden verzeichnete) *Shagpfeife*, eine kurze Tabakspfeife, nur in der 10. Auflage von 1929. Besonders interessant das Beispiel *Keks*: Das Stichwort *Kek* (von englisch *cakes*) findet sich seit der 9. Auflage von 1915. In einer Fußnote wird erläutert: »*Diese Eindeutschung des engl. cake ist annehmbar, aber es muß in der Einzahl Kek gesagt werden, n i c h t Keks.*« In der 10. Auflage von 1929 blieb es für den Singular noch beim Eintrag *Kek*, aber mit der Anmerkung »*fast nur Mehrzahl*«. Ab der 11. Auflage von 1934 schließlich wurde *Keks* selbst zum Stichwort.

Dennoch, es sind auch viele Anglizismen über die Jahre hinweg aus dem Duden gestrichen worden. Busse hat in seiner Dissertation die in den Duden aufgenommenen Anglizismen in 20 verschiedene Rubriken eingeteilt: Abkürzungen, Biologie, Exotismen, Geografie, Kulinarisches, Kunst/Kultur/Unterhaltung, Medizin, Mode/Textilien, Musik/Tanz, Naturwissenschaft/Technik, Politik/Militärwesen, Presse/Rundfunk/Fernsehen/Film, Seewesen,

Sozialwissenschaften, Sport, Tourismus/Freizeit, Transport/Verkehr/Kraftfahrzeugwesen, Verschiedenes, Warenzeichen/Institutionen, Wirtschaft.

Es gibt also im Grunde keinen Lebensbereich, der nicht vertreten ist. Wendet man sich den Streichungen zu, stellt man fest, dass viele – insbesondere solche aus frühen Dudenauflagen – der Rubrik Exotismen zuzuordnen sind. Exotismen bezeichnen hier Personen, Sachen oder Sachverhalte, die es in Deutschland so nicht gibt, die aber für den angloamerikanischen Sprachraum spezifisch sind. Zu den gestrichenen Anglizismen dieser Gruppe gehören auch viele der folgenden Wörter:

Leveller   Lord-Lieutenant   Lord-Statthalter
Penny-a-liner   Ribbonist   Teetotaler   Volunteer   Whipper-in
Yeoman   Attorney   Landlord   Puddler   Homeruler

Beispiele für gestrichene Gallizismen sind:
Faktage   Fanfaron   Blagueur

Die dazugehörigen Begriffserklärungen finden Sie im Anschluss an dieses Kapitel. Häufig gestrichen wurden auch Wörter aus der Rubrik Naturwissenschaft/Technik, etliche Modebegriffe und Wörter aus dem Bereich des Militärwesens. Es fällt auf, dass der überwiegende Teil der gestrichenen Anglizismen aus Substantiven besteht. Das korrespondiert mit den Forschungsergebnissen des ersten »Berichts zur Lage der deutschen Sprache«. Dort waren es neunzig Prozent der untersuchten Anglizismen. Schauen wir uns die zehn häufigsten Substantive der Untersuchung noch einmal an: *Dollar, Team, Londoner, Partner, Trainer, Internet, Konzern, Manager, Job* und *Computer*. Für den *Dollar* und den *Londoner* jeweils eine Verdeutschung zu suchen, ist Unfug, das *Internet* wird oft als *Netz*, fast nie als *Datenautobahn* bezeichnet, der *Computer* ist in niemandes Mund mehr eine *elektronische Datenverarbeitungsan-*

lage. Für den *Partner, Trainer, Manager* gibt es durchaus Entsprechungen im Deutschen, aber das englische Wort ist in allen drei Fällen variabler. Der *Partner* oder die *Partnerin* kann *Verbündeter, Ehegatte, Ehefrau* oder *Mitinhaber* sein, der *Trainer Sportlehrer* oder *Lehrmeister,* der *Manager* ist der *Entscheider,* der *hohe Angestellte* oder *Vorgesetzte*. Das *Team* ist die *Mannschaft,* das *Kollegium* oder das *Ensemble,* der *Job* der *Broterwerb,* der *Arbeitsplatz*, die *Tätigkeit*. Vielleicht gibt es andere Erklärungen, ich glaube, dass der Erfolg der zehn am häufigsten verwendeten Anglizismen einfach dadurch begründet ist, dass sie sehr funktional sind, man sich an sie gewöhnt hat, sie kaum noch als Fremdwort wahrnimmt und dass sie auch in vielen anderen Sprachen einen vielleicht früher dafür existierenden Begriff verdrängt haben und somit international verständlich sind.

Eine Auswahl gestrichener Wörter

10/1929	Faktage
	⟨frz.⟩ *Zustellgebühr*

10/1929	Leveller
	⟨engl.⟩ *»Gleichmacher«:* *Anhänger einer radikalen* *demokratischen Bewe-* *gung in England im 17. Jh.,* *die nach bürgerlicher und* *religiöser Freiheit strebte*

10/1929	Logotype
	⟨engl.⟩ *beim Handsatz ver-* *wendete Drucktype mit* *häufig vorkommender* *Buchstabenverbindung*

10/1929	Lord-Lieutenant
	⟨engl.⟩ *offizieller Reprä-* *sentant der engl. Krone in* *einem Verwaltungsbezirk*

10/1929	Lord-Statthalter
	engl. *»Lord Lieutenant of* *Ireland«: Vizekönig von* *Irland*

10/1929	Maidenspeech
	⟨engl.⟩ *Jungfernrede,* *Antrittsrede*

10/1929	Navigationsakte
	von engl. »Navigation *Act«: Gesetz zum Schutz* *der eigenen Schifffahrt im* *England des 17. Jh.*

10/1929	Penny-a-liner
	aus der engl. Phrase »a *penny a line«: schlecht be-* *zahlter Journalist*

10/1929	Rezdechaussee
	⟨frz.⟩ *Erdgeschoss*

10/1929	Ribbonist
	⟨engl.⟩ *Mitglied einer* *katholischen Geheim-* *gesellschaft in Irland im* *19. Jh.*

10/1929	Teetotaler
	⟨engl.⟩ *Abstinenzler*

10/1929	Vauxhall *nach »Vaux-* *hall Gardens«, einem Ver-* *gnügungspark in London:* *abendliches Gartenfest* *mit Beleuchtung und Tanz*

10/1929	Volunteer ⟨engl.⟩ *Frei-* *williger [im engl. Heer],*

Volunteerismus *Frei-*
willigeneinrichtung

10/1929 Whipper-in
‹engl.› »Einpeitscher«:
»Zusammentreiber« im
engl. Parlament

10/1929 Yeoman *‹engl.› Pächter*

11/1934 Attorney
‹engl.› Stellvertreter,
Bevollmächtigter

11/1934 Chaperon
‹frz.› Anstandsdame,
-person, chaperonieren
eine junge Dame zu ihrem
Schutz begleiten

11/1934 Landlord *‹engl.›*
Vermieter, Grundbesitzer

11/1934 Lifepreserver
‹engl.› »Lebensretter«:
Waffe der engl. Schutz-
männer

11/1934 Niece *‹frz.› Nichte*

11/1934 Nowoje Wremja *‹russ.›*
»Neue Zeit«: russ. Zeitung

11/1934 Numerateur
‹frz.› Stempel mit bewegli-
chen Ziffern

11/1934 Puddler
von engl. »puddle«, Pfüt-
ze: Arbeiter beim Puddle-
verfahren, durch das Roh-
eisen in Schmiedeeisen
umgewandelt wird

11/1934 Scheckpfeife[1]
Eindeutschung von »Shag-
pfeife«: kurze Tabaks-
pfeife

11/1934 Truismus
von engl. »truism«:
augenscheinliche Wahr-
heit, Binsenwahrheit

12/1941 Fanfaron *‹frz.-span.› An-*
geber, Prahler

---

[1] Die *Shagpfeife* ist bis heute im Duden verzeichnet

12/1941		schampuen

von Hindi-engl. »shampoo«: mit Shampoo ein-schäumen, waschen[2]

13/1947 Nasjonal Samling
‹norweg.› faschistische Partei in Norwegen von 1933 bis 1945

14/1954[W] immer v.° Deßjatine
russ. Flächenmaß

14/1954[W] 14/1951° Douceur
‹frz.› »Süßigkeit«: Geschenk, Trinkgeld

14/1954[W] 14/1951° Nunatak
‹Eskimosprache› aus dem Inlandeis hervorragende Bergspitze

15/1961[W] 16/1967° Blagueur
‹frz.› Angeber, Prahler

15/1961[W] 16/1967° Centweight
‹engl.› Handelsgewicht von etwa 51 kg

15/1961[W] 14/1951° Daily News
‹engl.› »Tägliche Nachrichten«: engl. Zeitung

15/1961[W] immer v.° Homeruler[3]
‹engl.› Verfechter des Homeruleprogramms, der Selbstregierung Irlands

15/1961[W] immer v.°* Klips
von engl. »clips«: Büroklammer

15/1961[W] 16/1967° Painexpeller, Pain-Expeller® *‹engl.› Schmerzmittel*

15/1961[W] 14/1951° Tet® *von ägypt. »ewig«, »dauernd«: Verpackung für Keks und Biskuit der Firma Bahlsen*

17/1973[W] 16/1967° Emeute *‹frz.› Aufstand, Meuterei*

18/1980[W] 16/1967° antizipando *‹lat.› vorwegnehmend, im Voraus*

2   Die Verben *schamponieren* und *schampunieren* stehen weiterhin im Duden.
3   *Homerule* (Selbstregierung als Schlagwort der irischen Unabhängigkeitsbewegung) steht bis heute im Duden.

16/1967[w] 16/1967[°] encouragie-
ren *von frz. »encoura-*
ger«: ermutigen, anfeuern

16/1967[w] 16/1967[°] kajolieren
von frz. »cajoler«: liebko-
sen, schmeicheln

18/1980[w] 14/1951[°] Neveu
‹frz.› Neffe

18/1980[w] 16/1967[°] Radotage
‹frz.› leeres Geschwätz,
Faselei, radotieren
schwätzen, faseln

18/1980[w] 16/1967[°] Trakasserie
‹frz.› Quälerei

19/1986[w] 16/1967[°] Native
‹engl.› Eingeborener, be-
sonders in den ehemali-
gen britischen Kolonien

22/2000 pardonieren
von frz. »pardonner«:
verzeihen, begnadigen

22/2000 Shoddy
‹engl.› Reißwolle

25/2009 Cochonnerie
‹frz.› Schweinerei

25/2009 generaliter *‹lat.› im All-*
gemeinen, allgemein be-
trachtet

25/2009 Poterie *‹frz.› Töpferwa-*
re, Töpferei

25/2009 scharmieren *von frz.*
»charmer«: bezaubern,
entzücken

25/2009 Servis *von frz. »service«:*
Quartiergeld, Ortszulage

25/2009 Velotaxi *von frz. »vélo«,*
Fahrrad: Fahrradtaxi

26/2013 Diskkamera *‹engl.› Ka-*
mera, bei der die Fotos
auf einer runden Scheibe
belichtet werden

26/2013 Dragonade *Gewaltmaß-*
nahme gegen frz. Protes-
tanten unter Ludwig XIV.
durch Einquartierung
von Dragonern

Wie ein Nebelbild

Naturwissenschaften und Medizin

Gibt es Geister? Oder sind Geister nur ein Hirngespinst? Diese Frage zu beantworten, fühle ich mich weder berufen noch dem gewachsen, aber ich weiß durch Lektüre, dass Menschen mit bestimmten neurologischen Störungen - besonders häufig kommt das bei Menschen mit Epilepsie vor - nachweislich unter Geistererscheinungen leiden können. Das, so wird vermutet, liegt an einer Schädigung der Hirnregionen, die für die Körperwahrnehmung des Menschen zuständig sind. Und ich weiß, dass es zu allen Zeiten einen gewissen, mit Gänsehaut einhergehenden Reiz auf Menschen ausgeübt hat, wenn das Übersinnliche scheinbar sichtbar gemacht wurde oder man mit ihm in Kontakt trat. Séancen und spirituelle Zirkel waren insbesondere Mitte des 19. Jahrhunderts sehr beliebt. Unter der Anleitung eines Mediums kam man zusammen, um mit der Welt der Toten, mit Geistern oder Dämonen auf Tuchfühlung zu gehen. Trugbilder, auch Phantasmagorien genannt, mit großer Illusionswirkung und geisterhaften Zügen, konnten zudem mit einer seit dem 17. Jahrhundert bekannten Technik hervorgerufen werden. Diese durch die Laterna magica erzeugten Geisterbilder projizierte man gerne auf Bühnennebel, was ihnen einen besonders schauerlichen, dramatischen und zugleich flüchtigen Charakter verlieh. Mit den Schreckenslaternen wurden aber auch ganz harmlose Nebelbilder (12/1941) erzeugt. Auf Glasplatten projiziert, ließen sich mit dem Einsatz zweier Laternae magicae Farbenspiele oder bewegte Bilder bewerkstelligen, indem sich die

Linse des einen Gerätes langsam schloss, während die des zweiten sich zu öffnen begann.

Mithilfe dieser Bewegungsillusionen wurden den Kindern dann Märchen und den Erwachsenen die Sehenswürdigkeiten Roms oder Venedigs nahegebracht. Seit dem frühen 19. Jahrhundert avancierten die Zauberlaternen, die zuvor ein exklusiver Spaß gewesen waren, zu einem populären Medium, das die Massen unterhielt, und das blieb so bis zur Erfindung des Films. Felix Salten, der Autor von »Bambi - eine Lebensgeschichte aus dem Walde«, also des Buches, das Walt Disney als Vorlage für seinen Zeichentrickfilm diente, hat 1911 in einer Publikation über den Wiener Wurstelprater sehr schön über den späten Einsatz von Nebelbildern geschrieben:

> *Der Raum wird verdunkelt, nun kommen die Nebelbilder, und der alte Mann erklärt sie. Alle möglichen Genrestücke, Landschaften, Kopien nach berühmten Meistern, Illustrationen aus Reisebeschreibungen läßt er erscheinen. Sein Vater hat die Bilder zu diesem Gebrauche auf Glas angefertigt. Vielleicht wäre er ein großer Künstler geworden, vielleicht ist er es sogar, und man weiß nur nichts davon. Sein Sohn allein bewundert ihn und verehrt seine Bilder, als hätte der achtzigjährige Greis sie selbst erfunden, und säße nicht da unten in der kleinen Bude, um für die Laterna magica zu pinseln. In diesem Sohne, der selbst schon weiße Haare hat, steckt auch ein Stück von einem Künstler. Er ist ein Erzähler, er improvisiert und erfindet Pointen. Zu den Bildern dichtet er lustige Geschichten, glossiert sie, gerät in Begeisterung.*

Die Laterna magica hat als Vorläufer des Filmprojektors ihren Platz in der Technikgeschichte gefunden, sie hat aber auch in der Weltliteratur ihre Spuren hinterlassen. Sie kommt bei Charlotte Brontë vor, bei Marcel Proust, Friedrich Schiller, August Strindberg, Hans Christian Andersen und unzähligen anderen Autorinnen und Autoren.

Nebelbilder werden aber nicht nur künstlich erzeugt, sie kommen auch in der Natur vor. Auf Duden online steht das Wort *Nebelbild* bis heute und ist mit der Erklärung versehen: »*Nebelbild, das – auf Bergen beobachtete Erscheinung, die darin besteht, dass auf einer gegenüberliegenden Nebelwand der Schatten einer Person überlebensgroß erscheint.*«

Aber selbst dieses Naturphänomen, das sich wie die Entstehung von Regenbögen oder Glorien physikalisch erklären lässt, hat indirekt mit deutscher Kultur- und Geistesgeschichte zu tun, auch wenn es nicht Caspar David Friedrichs »Wanderer über dem Nebelmeer« war, der es zuerst entdeckte. Das Naturschauspiel kommt besonders häufig auf dem im Harz gelegenen Brocken vor, was an der Alleinlage des 1141 Meter hohen Berges und den 300 Nebeltagen liegt, die es dort durchschnittlich gibt, und das hat ihm den Namen »Brockengespenst« eingebracht. Ein solches begegnete keinem Geringeren als Johann Wolfgang von Goethe, als das Universalgenie für seine Farbenlehre optisch-meteorologische Studien betrieb, und es heißt, er sei für die Namensgebung verantwortlich. Aber der Schrecken wird sich in Grenzen gehalten haben, denn die Nebelbilder der Laterna magica waren Goethe bereits bestens bekannt: Statt seines übergroßen Schattens war am 24. Mai 1819 bei einer der ersten dramatischen Aufführungen aus dem »Faust«, im Theatersaal des Schlosses Monbijou in Berlin, eine mit einer Zauberlaterne projizierte Erdgeist-Erscheinung zu sehen, und diese war mit der Abbildung eines überdimensionalen Goethe-Kopfes erzeugt worden.

Zurück zum »Brockengespenst« beziehungsweise zu Goethes Farbenlehre. Der wissenschaftliche Wert dieses 1400 Seiten umfassenden Werkes ist bis heute umstritten. Die von ihm herausgearbeiteten psychologischen Aspekte werden gewürdigt, die die

Physik betreffenden Abhandlungen wurden und werden hingegen von vielen Naturwissenschaftlern als, wie es der Journalist Wolfgang Krischke in einem Artikel für die F.A.Z. nannte, »*Verirrung des Dichters ins Dilettantentum*« empfunden. Eine eigene Meinung kann ich mir diesbezüglich wegen Sachunkenntnis nicht anmaßen, aber Goethes naturwissenschaftliche Exkursion, und deshalb thematisiere ich sie hier, stellt auch die Verbindung zu dem Wort her, über das ich abschließend kurz berichten möchte. Keine Wiederaufnahme fand im Jahr 1934 (11. Auflage) das Wort Daltonismus (angeborene Farbenblindheit) in den »Duden«. Aufgenommen wurde es aber wieder in der 16. Auflage (West) von 1967, um dann in der 22. Auflage (2000) endgültig gestrichen zu werden. Benannt ist die Farbenblindheit nach dem englischen Naturforscher und Naturwissenschaftler John Dalton. Dalton, der als einer der Begründer der modernen Chemie gilt, litt selbst unter einer Rotgrünblindheit, was er aber erst im Alter von Mitte zwanzig an sich wahrnahm. Der Artikel, den er 1798 über seine Anomalie veröffentlichte, ist eine der frühesten Beschreibungen dieser Krankheit. Dalton vermutete als Ursache eine erbliche Disposition, nahm aber fälschlicherweise an, dass die Blaueinfärbung seiner Augeninnenflüssigkeit der Grund dafür sei. Heute weiß man, dass ein Gendefekt dafür verantwortlich ist.

Im Jahr 1798 begegnete auch Goethe zwei Farbenblinden, die für seine sinnesphysiologischen Untersuchungen von großer Bedeutung waren. In ihrem Verhalten, das er akribisch studierte, vermutete er den Schlüssel für das Verständnis des normalen Farbensehens und der Entstehung der Farben, und er hoffte so, seine These »vom Werden der Farben« belegen zu können. »*Wenn man*«, schrieb Goethe, »*die Unterhaltung mit ihnen dem Zufalle überläßt und sie blos über vorliegende Gegenstände befragt, so geräth man in die größte Verwirrung und fürchtet, wahnsinnig zu werden. Mit einiger Methode hingegen kommt man dem Gesetze dieser Gesetzwidrigkeit schon um Vieles näher.*«

Der Maler Paul Cézanne sagte einmal: »*... die Farbe ist der Ort, wo unser Gehirn und das Weltall sich begegnen*«. Und man darf wohl hinzufügen: Im Angesicht des Weltalls wird die Gewissheit zur Illusion. In schönere Worte gefasst fand ich diesen Gedanken mal als Grabinschrift: »*Auf die Wahrheitssuche begibt sich rastlos der Forschende, aber Wahrheit ist leider unendlicher Radius.*«

Eine Auswahl

gestrichener Wörter

Auflage /
Jahr

10/1929	Berkshireschwein *britische Schweinerasse*
10/1929	Black-and-tan-Terrier *ausgestorbene Hunderasse*
10/1929	Fahlband *Geologie: erz-haltige Gesteinsschicht, erkennbar an ihrem rost-braunen, matten, »fah-len« Aussehen*
10/1929	Galaktagogum *milchtreibendes Mittel für Wöchnerinnen*, Galak-tometer *Messgerät zur Bestimmung des spezifi-schen Gewichts der Milch*
10/1929	Nervenchok *psychischer Schock*
10/1929	Normalkegel *mathematischer Begriff*
11/1934	Bdellometer *Schröpfapparat*
11/1934	Brightsche Nieren-krankheit *Glomerulonephritis*
11/1934	Cunninghamia *Tannenart*
11/1934	Goffer *nordamerikani-sche Taschenratte*
11/1934	Krupphusten *Pseudo-krupp*
11/1934	nachembryonal
11/1934	Nanozephale, Nan-nozephale *Mensch mit sehr kleinem Kopf*
12/1941	Nebelbild *überlebens-großer Schatten einer Person, der in Bergen auf einer gegenüberliegenden Nebelwand erscheint*
12/1941	Nervenfieber *Typhus*
14/1954^W 14/1951°	Dirlitze, Dür[r]litze *mundartlich für: Kornelkirsche*
14/1954^W 18/1985°	Saurolith *versteinerter Saurier*
15/1961^W 16/1967°	Daktylitis *Fingerentzündung*
15/1961^W immer v.^{O*}	Daphnia-probe *Prüfung von Aquarien auf Giftfreiheit mittels Wasserflöhen*
15/1961^W 18/1985°	General-nenner *Bruchrechnung: Hauptnenner*
15/1961^W 14/1951°	Nachstrah-lung *Phosphoreszenz*

168

15/1961^W 16/1967° Nyktitropie, Nyktitropismus *Schlafbewegung der Pflanzen*

15/1961^W 18/1985 Zippennest *Nest der Singdrossel*

16/1967^W 15/1957° Normalkerze *für: Neue Kerze, bis 1948 deutsche Lichtsstärkeeinheit*

16/1967^W 16/1967° Tracheitis *Luftröhrenentzündung*, Tracheotomie *Luftröhrenschnitt*

16/1967^W 16/1967° Transsudation *Ausschwitzung*

18/1980^W nie v.° Nachtschweiß

18/1980^W nie v.° Nackenstarre

18/1980^W 16/1967° Nadirspiegel *astronomisches Messinstrument*

18/1980^W immer v.°* Neptunismus *veraltete Lehre, nach der die Gesteine durch Absatz aus Wasser entstanden sind*

18/1980^W 18/1985° Sandwehe *durch den Wind* *entstandene Ansammlung von Sand*

18/1980^W immer v.°* Stallfeind *schweiz. Umschreibung für: Maul- und Klauenseuche*

19/1986^W nie v.° Astasie *Stehunfähigkeit*

19/1986^W nie v.° Ozeanität *Abhängigkeit des Küstenklimas von den großen Meeresflächen*

20/1991 Hundswut *Tollwut*, hundswütig *tollwütig*

22/2000 Daltonismus *angeborene Farbenblindheit*

22/2000 Narkomanie *Sucht nach Narkotika*

22/2000 Wetterglas *Barometer*

25/2009 hidrotisch *schweißtreibend*

25/2009 Karpolith *fossile Frucht*

25/2009 Schneewebe *Schneewehe*

25/2009 Stilb *eine veraltete Einheit der Leuchtdichte*

25/2009 Weißsucht *Albinismus*

26/2013 Stickhusten *Keuchhusten*

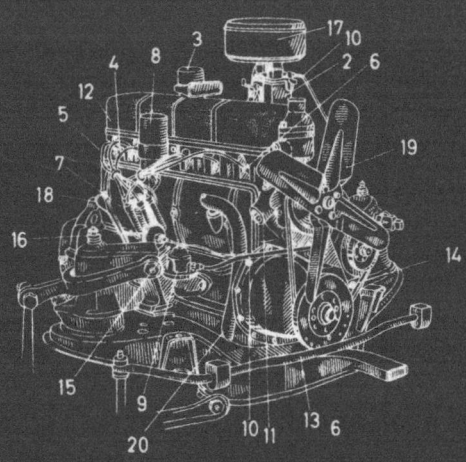

Das Fräulein vom Amt
Technik und Handwerk

Was ich heute über den Runabout (11/1934), die Säkerhetständstickor (10/1929) oder den Selbstwählferndienst (22/2000) weiß,
wusste ich vor Kurzem noch nicht. Eine Auswahl aus dem Duden
gestrichener Wörter in der Hand, habe ich mich einfach gefragt,
welche der zu der Rubrik Technik gehörenden drei Wörter mich
instinktiv ansprechen, und erst danach kam die Frage, warum und
was es über sie mitzuteilen gibt. Den *Runabout* (im Duden erläutert
mit »Landstreicher, leichter Wagen«) mochte ich, weil es mir gefiel,
ein Fahrzeug so zu benennen. Und weil ich zuerst annahm, dass es
in erster Linie der Name einer Kutsche sei, schwankte ich kurz zwischen dem *Runabout* und dem ebenfalls aus dem Duden gestrichenen Komfortabel (11/1934), einer einspännigen Droschke, wie sie
in Städten wie Wien lange als Droschkentaxis eingesetzt wurden.
Bei dem Wort *Säkerhetständstickor* (im Duden erläutert als »Sicher-
heitsstreichhölzer«) ahnte ich, dass es hier weitaus mehr zu sagen
geben würde, als Hans Christian Andersens rührendes Märchen
»Das kleine Mädchen mit den Schwefelhölzern« nachzuerzählen.
Und beim *Selbstwählferndienst* kamen mir historische Fotografien
von den »Fräulein vom Dienst« in den Sinn, die in riesigen Sälen
Telefongespräche vermitteln. Und weil ich bald merkte, dass die
drei Begriffe kaum oder zumindest nur sehr lose miteinander in
Verbindung stehen, beginne ich das Kapitel recht willkürlich mit
dem *Baker-Runabout*.

1880, in dem Jahr also, in dem Konrad Duden das »Vollständige Orthographische Wörterbuch der deutschen Sprache« herausbrachte, erschien auch die erste Ausgabe von »Science«, der neben »Nature« bis heute wichtigsten wissenschaftlichen Fachzeitschrift der Welt. Ermöglicht wurde das Magazin durch die finanzielle Unterstützung von Thomas Alva Edison, dem wir die Glühbirne, die erste Filmkamera und den Vorläufer des Grammofons verdanken, später beteiligte sich auch Alexander Graham Bell, der Erfinder des Telefons, an dem Magazin. Albert Einstein veröffentlichte in »Science« seine Gravitationstheorie, und die ersten Studien über die Immunschwächekrankheit AIDS sind hier ebenfalls erschienen.

Eisenbahn, Fahrrad, Schreibmaschine, Fotografie und Film, die Röntgenstrahlung oder das elektrische Licht, die Liste der im 19. Jahrhundert gemachten Erfindungen ließe sich lange fortsetzen. Natürlich gehört auch das Automobil dazu, wir sehen es in der Zeit seiner Anfänge vor uns, eine motorbetriebene Kutsche, bei deren Anblick man sich fragt, ob es wirklich von Fortschritt zeugt, das Pferd von nun an weglassen zu wollen. Aber das ist natürlich nur der blasierte, von Unkenntnis gesättigte Blick des Nachgeborenen, der glaubt, er stünde am Ende der Entwicklung, und der dabei vergisst, dass alles, womit er sich heute bewegt, in hundert Jahren ebenso alt aussieht. Wer sich hingegen die Geschichte des Automobils etwas genauer anschaut, wird sich verdutzt die Augen reiben und feststellen, dass die Elektromobilität keineswegs eine Erfindung des 21. Jahrhunderts ist und dass Akku-Autos, Hybridfahrzeuge oder eine flächendeckende Infrastruktur für Ladestationen Ende des 19. und Anfang des 20. Jahrhunderts zum automobilen Alltag gehörten. Genau genommen sah Carl mit seinem benzinbetriebenen Benz ganz schön alt aus, denn Fahrzeuge wie der vom Eigentümer der Batteriefabrik Varta auf die Straße gestellte Baker-Runabout, benannt nach einer in Amerika sehr populären einspännigen Kutsche für zwei Personen, oder das 1888 in Betrieb genommene Pariser Elektro-Taxi waren ihm weit überlegen.

Letzteres konnte beispielsweise fünf Personen befördern, war 22 Stundenkilometer schnell und hatte eine Reichweite von achtzig Kilometern.

1899 werden in den USA beinahe doppelt so viele Elektroautos verkauft wie solche mit Verbrennungsmotor, und der Belgier Camille Jenatzy stellt im selben Jahr mit seiner zigarrenförmigen »La Jamais Contente« einen neuen Geschwindigkeitsrekord auf. »Die niemals Zufriedene« durchbricht mit ihren zwei 25-Kilowatt-Motoren die magische Schallmauer von hundert Stundenkilometern und schießt mit Tempo 105,88 durchs Ziel. Eigentlich ist zu diesem Zeitpunkt klar, wie sich die Automobilgeschichte fortschreiben wird, aber es kommt anders. Die Erfindung des elektrischen Anlassers 1911 macht das Fahren von Benzinfahrzeugen komfortabler, das mühselige Ankurbeln fällt weg, die Motoren werden zudem sicherer, leistungsstärker und effizienter und sie haben nun den entscheidenden Vorteil, die bessere Reichweite.

Mitunter sind es scheinbar kleine Erfindungen, die das Wettrennen zwischen zwei Technologien entscheiden oder entscheidend beeinflussen können. Im Fall von Ivar Kreuger und seinem Streichholzimperium paart sich eine gute Erfindung mit wirtschaftlicher Finesse und Skrupellosigkeit. Seine Säkerhetständstickor fanden in der 9. Auflage von 1915 Eingang in den Duden und fielen schon eine Auflage später wieder heraus.

Kreuger stammte aus einer wohlhabenden Familie. Schon sein Großvater besaß mehrere Zündholzfabriken und sein Vater vergrößerte durch Zukäufe den Firmenbesitz. Groß geworden war die schwedische Zündholzindustrie nach der Erfindung der Sicherheitszündhölzer um 1850. Vorher waren die Streichhölzer wegen ihres Phosphorgehalts giftig und sehr leicht entflammbar gewesen, nun war es sicher und kinderleicht, ein Feuer anzuzünden, wann und wo immer man wollte. Allein in Schweden entstanden in kurzer Zeit 150 neue Produktionsstätten. Kreuger stieg kurz vor dem Ersten Weltkrieg in das Unternehmen ein, nachdem er in den USA, in Großbritannien und in Südafrika in verschiedenen Unternehmen hospitiert hatte. Innerhalb von wenigen Jahren schuf Kreuger nach seiner Rückkehr ein Imperium, das aus 260 Fabriken mit 75.000 Mitarbeitern bestand, zum Firmenkonglomerat gehörten neben der Streichholzproduktion Goldminen, große Wälder und Papierfabriken sowie die Telefonfirma Ericsson. Aber vor allem trat Kreuger ab 1925 als Kreditgeber auf. Wie die Fugger im 16. Jahrhundert vergab er Staatsanleihen an siebzehn verschiedene Länder, 125 Millionen Dollar lieh er zu einem Zins von sechs Prozent und einer Laufzeit von 53 Jahren an Deutschland. Dafür erhielt er, wie auch in den anderen Ländern, ein Zündholzmonopol.

Mit dem New Yorker Börsencrash 1929 geht die Weltwirtschaft in die Knie. Seine Schuldner können schon bald die vereinbarten Raten nicht mehr bezahlen, Kreuger nicht mehr die den Gläubigern versprochenen Renditen. Sie werden unruhig, in Paris soll es im März 1932 zu einem klärenden Gespräch kommen, doch Kreuger erscheint nicht. Wenig später wird er tot in seiner Wohnung aufgefunden. Die Meldung vom Selbstmord Kreugers geht um die Welt. Und es häufen sich Meldungen, dass Kreuger im großen Stil Bilanzen gefälscht habe. Dieser Skandal geht als Kreuger-Crash in die Geschichte ein.

Im Winter 1891/1892 verbrachte Mark Twain einige Zeit in einer Wohnung in der Körnerstraße 7 in Berlin-Tiergarten. Von hier aus erkundete er die Stadt und zeigte sich begeistert von dem »leuchtenden Zentrum der Intelligenz« und der »wundervollen Stadt«. Dem berühmten Gast zum Trotz, der sogar eine Audienz beim Kaiser erhielt, wird das Wohnhaus um die Jahrhundertwende abgerissen. Es muss, wie weitere Gebäude, dem neuen Postamt W 35 weichen, in dem auch das Fernmeldeamt untergebracht ist.

Nachdem der repräsentative Bau 1906 eingeweiht wird, beziehen auch 500 Fernsprechgehilfinnen, die sogenannten »Fräulein vom Dienst« ihren neuen Arbeitsplatz. Aufgeteilt auf zwei Säle stellen die ledigen Frauen - verheiratete werden zunächst nicht

eingestellt, um mögliche Versorgungsansprüche von Familienmit-
gliedern ausschließen zu können – an den großen Schalttischen
manuell, aber schnell und präzise die gewünschten Verbindungen
her. Doch die Blütezeit dieses neuen Berufes währt nicht ewig.
Bereits 1923 wird langsam das »Ende« der Telefonistinnen einge-
läutet. Am 16. Mai 1923 geht im bayerischen Weilheim der weltweit
erste Selbstwählferndienst in Betrieb. Die neue Technik ermöglicht es, dass der Anrufer nun mit der Wählscheibe seines Telefons die gewünschte Nummer direkt anwählen kann, die manuelle
Vermittlung entfällt. Die Erfindung soll auf einen amerikanischen
Bestatter namens Almon Strowger zurückgehen. Der technikbe-
gabte Totengräber unterstellte oder wusste vielleicht sogar, so
wird jedenfalls kolportiert, dass die Damen auf dem Fernmeldeamt bei einem Todesfall das Telefonat eines Angehörigen nicht an
ihn, sondern an einen seiner Konkurrenten vermittelten. Womit
wir einmal mehr das Sprichwort von der erfinderisch machenden
Not bestätigt finden. Die letzte manuelle Vermittlungsstelle in der
Bundesrepublik Deutschland wurde erst 1966 abgebaut. Das war
vier Jahre, bevor bei der Fluggesellschaft Continental Airlines der
erste automatische Anrufverteiler in Betrieb genommen wurde,
womit das Zeitalter der Callcenter begann.

Eine Auswahl gestrichener Wörter

10/1929 Fabrikator *Werkzeug*	15/1961^w 18/1985° Drittklaß-wagen *schweiz.: Eisenbahnwagen dritter Klasse*
10/1929 Metachromatypie *farbiger Steindruck*	
10/1929 Navalarchitektur *Schiffbaukunst*	15/1961^w 16/1967° Filmpack *Packung mit mehreren Flachfilmen*
10/1929 Säkerhetständstickor *Sicherheitsstreichhölzer*	15/1961^w 18/1985° Fotochro-mie, Photochromie *fotolithografischer Mehrfarbendruck*
11/1934 Komfortabel *einspännige Droschke*	
11/1934 Runabout *engl. »Landstreicher«: leichter Wagen*	15/1961^w 18/1985° Fototypie, Phototypie *Lichtbilddruck*
11/1934 twisten *Garn spulen*, Twisterei[1]	15/1961^w 14/1951° gärben[2] *Rohstahlstäbe durch Zusammenschweißen und Druck reinigen*
12/1941 Nagelschmied	
12/1941 Nestelmacher *Handwerker, der Bänder herstellt*	
14/1954^w 14/1951° Dapolin® *Kraftstoff*	15/1961^w 18/1985° Hemme *Hemmvorrichtung an Wagenrädern*
15/1961^w 18/1985° Anlege-apparat *Anschlussgerät an Druck- und Falzmaschinen*	15/1961^w immer v.° reiteln[3] *einen Strick [beim Ballenbinden] mit dem Reitel zusammenziehen*
15/1961^w 18/1985° Drahtung *telegrafische Meldung*	15/1961^w 18/1985° vererzen *zu Erz machen*

1 Die Bezeichnung *Twist* für mehrfädiges Baumwollgarn findet sich bis heute im Duden.
2 Der *Gärbstahl* wurde aus der 18. Auflage von 1980 (West) gestrichen.
3 Der *Reitel* (mitteldeutsch für: Drehstange, Knebel) steht bis heute im Duden.

16/1967ᵂ nie v.° Pechkoks *Nebenprodukt bei der Gewinnung von Koks*

16/1967ᵂ 16/1967° Vizinalbahn *Kleinbahn*

16/1967ᵂ nie v.° Zinngießerei[4]

17/1973ᵂ 18/1985° drahtlich *telegrafisch*

17/1973ᵂ nie v.° Niederdruckkraftwerk *Wasserkraftwerk mit geringer Fallhöhe*

17/1973ᵂ 16/1967° Transversalbahn *Bahn, die quer durch ein Land oder Gebiet verläuft*

18/1980ᵂ nie v.° Neigungsmesser *Gefällemesser*

18/1980ᵂ nie v.° Netzarbeit *Filetstickerei*

18/1980ᵂ nie v.° NSU® *Kurzwort aus dem Stadtnamen Neckarsulm: Kraftfahrzeugmarke*

19/1986ᵂ nie v.° Nutzsatellit *Satellit, der wirtschaftlichen Nutzen erbringt*

20/1991 Lichtbildner *Fotograf*

22/2000 Compoundmaschine *Verbunddampfmaschine; Gleichstrommaschine*

22/2000 Nadler *Handwerker, der Nadeln herstellt*

22/2000 Selbstwählferndienst *Fernsprechverbindung ohne Vermittlung*

25/2009 Treckschute *Schleppkahn*

26/2013 Adrema® *Kurzwort für eine **Adre**ssier**ma**schine,* adremieren *mit einer Adrema beschriften*

26/2013 Alwegbahn *nach dem schwedischen Industriellen **A**xel **L**enhart **Wen**ner-**G**ren: Einschienenhochbahn*

26/2013 Plattei *gebildet nach »Kartei«: Sammlung von **Platt**en für eine Adrema*

27/2017 Jahr-2000-fähig *die technischen Voraussetzungen für die Umstellung auf die Datumsangabe 2000 erfüllend*

4 Der *Zinngießer* steht bis heute im Duden.

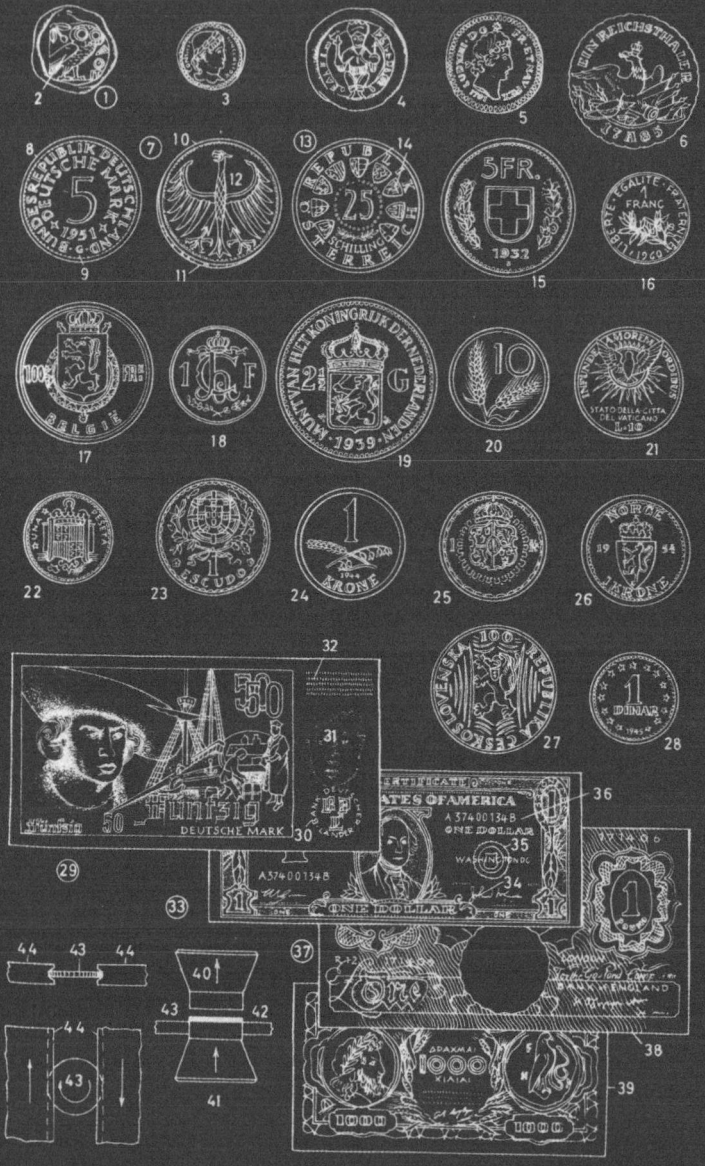

Goldrausch

Wirtschaft

~~Drachendollar~~

»*Hast Du das Zeug zum professionellen Goldgräber? Zeig, was Du draufhast!*«, hieß es vor einiger Zeit in einer Anzeige einer deutschen Casting- und Modelagentur, die für ein erfolgreiches Fernsehformat nach geeigneten weiblichen und männlichen Kandidaten suchte. Geworben wurde mit einer Werbeprosa, die von »*träger Einsamkeit, unwegsamen Gelände*« und »*hungrigen Bären*« sprach, aber auch von der Chance: »*Edelmetall in bare Münze zu verwandeln*«.

»DMAX« ist ein auf männliche Zuschauer ausgerichteter Fernsehsender und er gehört zum US-amerikanischen Medienkonzern »Discovery Communications Inc.«, deshalb verwundert es nicht, dass dieses Sendeformat dort entwickelt wurde. Die Doku-Soap, die 2010 in den Vereinigten Staaten und Großbritannien unter dem Titel »Gold Rush« startete und seit 2011 auch in Deutschland ausgestrahlt wird, ist mit bisher acht abgedrehten Staffeln das erfolgreichste Format des Senders. Und sicher haben sich auch zahlreiche Menschen aus Deutschland beworben, um sich auf die Spuren der mehr als 100.000 Glücksritter und Digger (10/1929) aus aller Welt zu begeben, die sich vor mehr als 120 Jahren nach Kanada aufmachten, um dort, wo der Klondike in den Yukon mündet, ihren ganz persönlichen Goldrausch zu erleben oder ihren Untergang. Sei es aus echter Abenteuerlust, aus Gaudi oder der fünfzehn Minuten Ruhm wegen, die ein solcher Fernsehauftritt garantiert und auf der die Geschäftsidee der Realityshows unter anderem beruht.

179

Heute hat das 1896 wegen des Klondike-Goldrauschs gegründete Dawson City, 240 Kilometer südlich des nördlichen Polarkreises gelegen, 1375 Einwohner (Stand 2016), 1898 sollen es über 40.000 gewesen sein. Seinen Bewohnern hat Jack London, der sich selbst als Goldgräber versuchte und acht Monate später entkräftet und an Skorbut erkrankt aufgab, 1910 mit »Lockruf des Goldes« (Originaltitel: »Burning Daylight«) ein Denkmal gesetzt. Und auch dank seines Buches verdienen etliche der heutigen Bewohner ihr Geld mit dem Tourismus, der eine der wichtigsten Einnahmequellen ist. Immer noch wird aber auch nach Gold geschürft. Und zwar mit Erfolg. Zwischen 45.000 und 60.000 Unzen sind es jährlich, was einem Gewicht von 1,35 bis 1,8 Tonnen entspricht. Und seit dem ersten Fund am Bonanza Creek im August 1896 sind dort sogar sagenhafte 600 Tonnen entdeckt worden.

Bis heute ist Gold eine beliebte Geldanlage, denn Gold gilt als krisensicher. Kanada ist nicht nur ein bedeutender Goldproduzent, sondern gibt mit dem »Maple Leaf« auch eine der bekanntesten Anlagegoldmünzen heraus. Man erinnere sich nur an den spektakulären Münzraub im März 2017, als aus dem Berliner Bode-Museum die hundert Kilogramm schwere »Big Maple Leaf« gestohlen wurde.

Beliebt ist bis heute bei Anlegern und Sammlern auch der sogenannte Napoleon (14/1954 West, im Ost-Duden immer verzeichnet), eine ab 1804 aus einer 900er Goldlegierung geprägte 20-Franc-Münze, die über lange Zeit als reguläres Zahlungsmittel im Umlauf war. Sie wird von unzähligen Händlern und Online-Shops verkauft, und je nach Zustand wird sie zum tagesaktuellen Goldwert oder zu Preisen weit darüber angeboten.

Die ersten chinesischen Münzen westlichen Stils wurden ab 1889 unter dem letzten chinesischen Kaiser geprägt. Kaiser Puyi ließ dafür eigens eine Münzstätte mit Prägemaschinen aus Birmingham und Göppingen einrichten. Seinen Namen erhielt der Drachendollar (11/1934) von dem sich auf der Rückseite der Münze windenden Drachen. Dass in China eine Währung westlichen Vorbilds eingeführt wurde, geschah nicht freiwillig, sondern auf Druck Englands, welches das Land in zwei Kriegen, dem Ersten und Zweiten Opiumkrieg, wirtschaftlich unterworfen und gefügig gemacht hatte. Auslöser war, und das kennen wir aus dem aktuellen Handelsstreit zwischen den USA und China, ein enormer chinesischer Handelsüberschuss, weil die Engländer zahlreiche Produkte (vor allem Tee) importierten, aber selbst keine Waren in China absetzen konnten. Also begannen die Engländer, illegal Opium nach China einzuführen, das sie in Indien anbauten. Das führte zu massenhafter Opiumsucht und einer ausgeglichenen Handelsbilanz, bis der chinesische Kaiser 1839 ein totales Einfuhrverbot erließ. Drei Jahre währte der darauffolgende Erste Opiumkrieg, der im August 1842 mit dem Friedensvertrag von Nanking endete. Dort wurde die Abtretung Hongkongs für alle Zeiten als Kronkolonie an Großbritannien festgeschrieben, die Zahlung einer Kriegsentschädigung sowie die Öffnung von fünf Häfen für den freien Handel.

In der zweiten Hälfte des 19. Jahrhunderts veränderte sich mit der auf die industrielle Revolution folgenden Hochindustrialisierung nicht nur die Produktion von Gütern und Dienstleistungen, der Beginn der »ersten Globalisierung« um 1870 veränderte den Welthandel und die damit verbundenen Regeln. Dazu gehörten, neben vielen anderen Aspekten, auch der Schutz des geistigen Eigentums und eine Neuordnung der Patentgesetzgebung.

Auf www.duden.de findet sich unter dem Eintrag: »*Mutoskop, das*« folgende Begriffserklärung: »*Guckkasten, in dem durch eine bestimmte Bildanordnung Bewegungsvorgänge vorgetäuscht werden*«. 1861 erhielt die amerikanische Firma Coleman Sellers ein Patent für den »Stereoanimationsblätterer«. 1896, im Jahr des Goldrauschs, wurde von Herman Casler ein Mutoskop-Patent beim Kaiserlichen Patentamt in Berlin beantragt und erteilt. Darauf weist ein Artikel eines gewissen Albert Költzow in der »Phonographischen Zeitschrift« (13. Jahrgang, No. 8) hin, der 1912 unter der Überschrift »D.R.G.M. Deutsches Reichs-Gebrauchs-Muster« erschien. In ihm beklagt der Autor die Unkenntnis vieler Menschen, die ein solches Deutsches Reichs-Gebrauchsmuster (14/1954 West, 14/1951 Ost) beantragen wollen. Allein im Falle des Mutoskops sei es wegen des Erfolgs des Stereoanimationsblätterers, zu 15 (!) Gebrauchsmuster-Anmeldungen gekommen, die aber alle ungültig seien, weil, wie man eigentlich wissen müsse, das Patent 1. prioritär behandelt würde, denn es böte den höher einzuschätzenden Schutz, und 2. sowieso der mahle, der zuerst komme, denn nur die Erstanmeldung, Gebrauchsmuster hin, Patent her, sei gültig.

Eingeführt wurde das *Deutsche Reichs-Gebrauchsmuster* vom Kaiserlichen Patentamt am 1. Oktober 1891. Heute schützt das Deutsche Bundes-Gebrauchsmuster die Innovationen deutschen Erfindergeistes. Und ganz sicher ist es eine ebenso wichtige wie segensreiche Einrichtung, aber den Sprachliebhaber und Sammler von Sprach-Kuriositäten muss an dieser Stelle nur interessieren, dass es auch ein »Gebrauchsmusterlöschungsverfahren« gibt, und das Wort steht bedauerlicherweise weder in der Printausgabe des Dudens noch auf www.duden.de. Und das, obwohl es im Ranking der längsten deutschen Wörter im Duden gemeinsam mit *Arbeiterunfallversicherungsgesetz*, *Bundesausbildungsförderungsgesetz* und *Rhein-Main-Donau-Großschifffahrtsweg* den 4. Rang einnehmen würde, denn es besteht aus 33 Buchstaben.

Teil der großen Dudenwortfamilie waren auch die beiden Wörter fronbar (15/1961 West, 18/1985 Ost) (»zu Frondiensten verbunden«) und Dienstling (15/1961 West, 16/1967 Ost) (»Unfreier, in Dienst und Abhängigkeit Stehender«).

In dem Drama »Der gefesselte Prometheus« des griechischen Tragödiendichters Aischylos sagt Prometheus zu Hermes:

> *Mit deinem Frondienst möcht ich dies mein Jammerlos,*
> *Daß du es weißest, nimmermehr vertauschen; nein,*
> *Mir ist es süßer, diesem Fels fronbar zu sein*

Denn so dem Vater Zeus ein Bote treu und fein!
So muß getrotzt sein gegen euch Alltrotzende!

Zeus lässt Prometheus im Kaukasus an einen Fels fesseln, weil
dieser den Menschen gegen Zeus' Willen das Feuer gebracht hat.
Und weil er sich danach weder bei Zeus entschuldigt noch Zeus
über die Hintergründe eines Komplotts gegen ihn aufklärt, das
diesen die ewige Herrschaft kosten könnte, wird er mithilfe von
Blitz und Donner und einem Erdbeben ins Schattenreich verbannt.
Dienstling ist er nicht, nicht Untertan. Er ist keiner, der, wie es
im »Grimm'schen Wörterbuch« zur Worterklärung von *Dienstling*
heißt, »*in unwürdiger abhängigkeit verächtliche dienste leistet*«,
doch der Preis, den er zahlt, ist hoch.

»Die Geschöpfe des Prometheus oder die Macht der Musik und
des Tanzes« heißt ein 1801 von Ludwig van Beethoven komponier-
tes Ballett. Beethoven war ein begeisterter Anhänger der Ideale der
Französischen Revolution und sah, wie auch Voltaire, in Prometheus einen Repräsentanten des revolutionären Geistes. Und seine
dritte Sinfonie, die »Eroica«, widmete er Napoleon I. Doch als er
hörte, dass Napoleon sich selbst zum Kaiser gekrönt hatte, riss er
erbost das Titelblatt mit der Widmung von der Partitur. Aus dem
Befreier war in Beethovens Augen ein Tyrann geworden.

Eine Auswahl gestrichener Wörter

10/1929	Digger *Goldgräber*
10/1929	Drawback *Rückvergütung von zu viel bezahltem Zoll*
10/1929	Exportbonifikation *Rückvergütung von bereits bezahlten Aufwandssteuern oder Zoll beim Export*
10/1929	Metalliques *Staatsschuldscheine, die in Silber verzinst und eingelöst werden*
10/1929	Nonvalenz *Zahlungsunfähigkeit*
10/1929	Normaletat *Besoldungsplan, z. B. für Beamte*
10/1929	Stockjobber *Börsenmakler, der Scheinkäufe [Differenzgeschäfte] macht*
11/1934	Bullion *Barrengold, -silber*
11/1934	Drachendollar *chinesische Münze*
11/1934	Exportprämie *Ausfuhrvergütung*
11/1934	Naturalrechnung *Warentausch ohne Geld*
11/1934	Neubruch *neues, zum ersten Mal mit dem Pflug umbrochenes Ackerland*
12/1941	dollarkräftig
12/1941	Transferschutz *Maßnahme im Zuge des Dawes-Plans von 1924 zur Regelung der deutschen Reparationszahlungen*
13/1947	Neubesitzanleihe *Form der Staatsanleihe in der Weimarer Republik*
14/1954[w] 14/1951[o]	Deutsches Reichs-Gebrauchsmuster *Schutzrecht*
14/1954[w]	immer v.[o*] Napoleon *frz. Münze*
14/1954[w] 14/1951[o]	NRA *National Recovery Administration, Maßnahme des New Deal im Industriebereich*
15/1961[w] 17/1976[o]	Daktylograph *schweiz. für: Maschinenschreiber*
15/1961[w] 16/1967[o]	Dienstling *Unfreier, in Dienst und Abhängigkeit Stehender*

184

15/1961^W 18/1985° fronbar *zu Frondiensten verpflichtet*

15/1961^W 17/1976° Zinsleiste *Börsenwesen: Talon, Erneuerungsschein bei Wertpapieren*

17/1973^W 16/1967° negoziabel *handelbar*, Negoziant *Kaufmann, Vermittler*, negoziieren *handeln*

17/1976° nie v.^W Multimomentverfahren *Verfahren zur Ermittlung der Häufigkeiten von Vorgängen*

18/1980^W 17/1976° Acquit *Quittung, Empfangsbescheinigung*

18/1980^W 16/1967° debardieren *eine Schiffsladung löschen*

18/1980^W 14/1951° Nachgebot *späteres Gebot auf eine während einer Versteigerung nicht verkaufte Ware*

18/1980^W nie v.° Niederungsvieh *Rinder einer Rinderrasse, die im Tiefland gehalten wird*

18/1980^W nie v.° Normativbesteuerung *Besteuerung, die auf einer durchschnittlichen Leistungsnorm basiert*

18/1980^W 14/1951° Notwirtschaft

19/1986^W 16/1967° Auxiliarkraft *Hilfskraft*

19/1986^W nie v.° Nähmaschinenindustrie

19/1986^W nie v.° Notenbankausweis *regelmäßig veröffentlichte Zwischenbilanz einer Notenbank zur Beurteilung der Währungs- und Geldmarktlage*

19/1986^W 16/1967° Transozeandampfer *Überseedampfer,* Transozeanflug *Flug nach Übersee*

22/2000 Daktylographin *schweiz. für: Maschinenschreiberin*

22/2000 Satang *Münzeinheit in Thailand*

25/2009 einballieren *in Ballen verpacken*, Einballierung

25/2009 Sekretar *Geschäftsführer, Abteilungsleiter*

25/2009 sekunda *von zweiter Güte*

25/2009 Wieswachs, Wiesenwachs *Ertrag an Heu, den eine Wiese bringt*

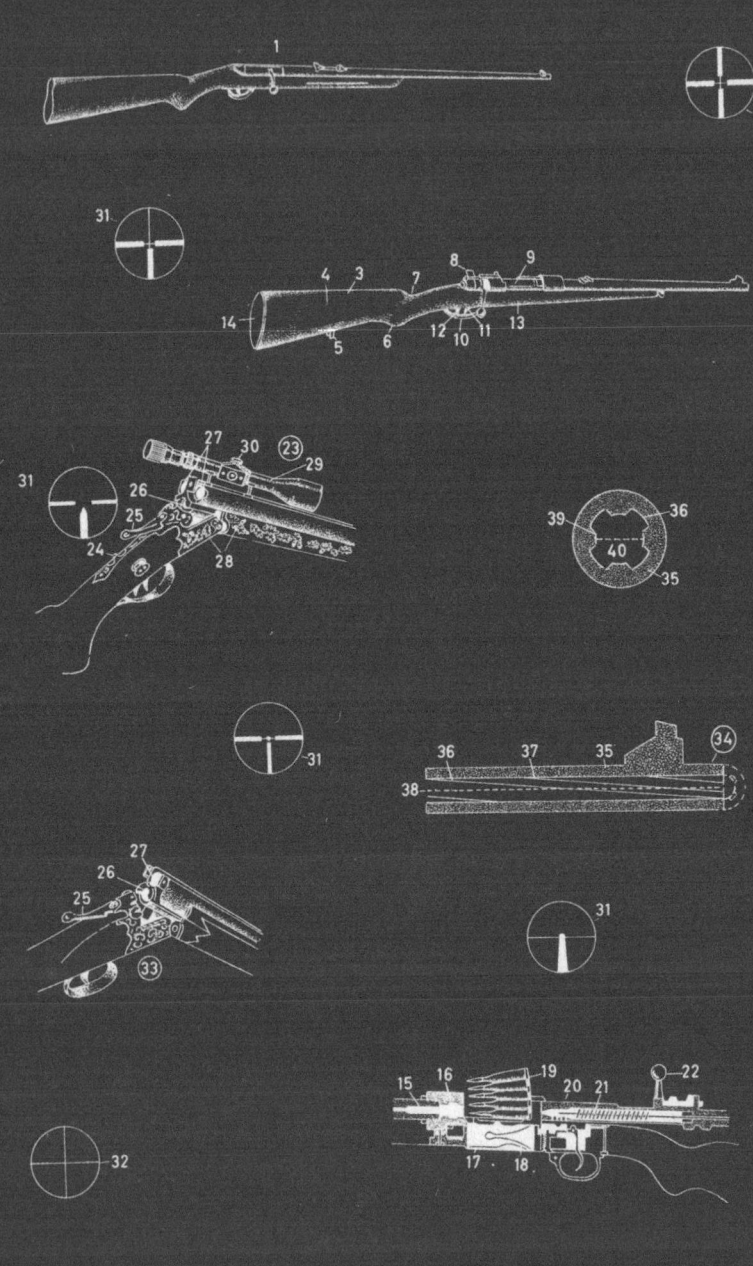

Ordonnanzwaffen, Henrystutzen und allerlei Kriegsgerät

Krieg, Frieden und Militärgeschichte

Kennen Sie den Hattinger Igel? Ihn bekommt verliehen, wer die fünfköpfige Preisjury des Fördervereins des Deutschen Aphorismus-Archivs in Hattingen überzeugt. Der Aphorismenwettbewerb des Jahres 2018 stand unter dem Leitthema »Begegnungen«, und gewonnen hat ihn ein Teilnehmer aus Gießen mit dem Sinnspruch: *»Es stand nichts zwischen ihnen, was sie hätte verbinden können.«* Mit einem sehr gelungenen Aphorismus wirbt auch das Heeresgeschichtliche Museum in Wien um Besucher: *»Kriege gehören ins Museum«.* Unter diesem Motto versammelt es die Exponate zurückliegender kriegerischer Begegnungen und ein Travée dieses altehrwürdigen Gebäudes spielt für den vorliegenden Text eine gewisse Rolle, aber noch ist es zu früh, es zu betreten. Die Chronologie des aus dem Duden gestrichenen Wortschatzes der Themenbereiche Krieg, Frieden und Militärgeschichte folgt einer anderen Regie - sie reicht von der Antike bis in die jüngere Vergangenheit, vom alten Rom bis in die unendlichen Weiten der Prärie.

Der erste Schauplatz liegt am Rande des Marsfeldes. Dort ließ Julius Cäsar im Jahr 46 v. Chr. einen See anlegen, befüllte ihn und ließ eine tyrische und eine ägyptische Flotte zu Wasser, bestehend aus Zwei-, Drei- und Vierruderern, bemannt mit 1000 Seesoldaten und 2000 Ruderern. Zur Aufführung kam eine unter dem Jubel zahlreicher Zuschauer ausgetragene Seeschlacht. Gladiatorenkämpfe und Naumachien (11/1934) - so nannte man in der Antike diese nachgestellten Schiffskämpfe und die Anlagen, in denen sie stattfanden - waren ein beliebtes Spektakel.

Schon die Arena des von Nero ebenfalls auf dem Marsfeld erbauten Amphitheaters wurde, so beschrieb es Ludwig Friedländer in seiner 1862 begonnenen »Sittengeschichte Roms«, im Jahr 58 v. Chr. geflutet. Große Seetiere und Fische schwammen im Wasser, während die Seeschlacht zwischen den Athenern und Persern tobte. Dann wurde das Wasser abgelassen und dem Publikum wurden noch mehr Gladiatorenkämpfe geboten.

Die Nachstellung von Schlachten ist ja bis in unsere Tage populär. So etwa, um nur zwei Beispiele zu nennen, in den USA, wo 2013 Tausende Amerikaner die für den Amerikanischen Bürgerkrieg bedeutende Schlacht von Gettysburg nachstellten, oder hierzulande, wo ebenfalls 2013 durch 6000 Hobbysoldaten die sogenannte Völkerschlacht von Leipzig nachgespielt wurde. Drei Tage lang standen sich 1813 in einem der blutigsten Kämpfe der europäischen Geschichte 500.000 Soldaten gegenüber. Auf der einen Seite die Truppen Napoleons, auf der anderen die der Verbündeten Österreich, Preußen und Schweden. Etwa 100.000 Tote und unzählige Verwundete waren zu beklagen.

Aufseiten der Koalitionstruppen kämpften 278.802 Infanteristen, 86.650 Reiter und 34.675 Artilleristen. Zum Einsatz kamen 1387 Kanonen, 28 Raketenwerfer, eine riesige Zahl an Musketen, Säbeln und sogar Pfeil und Bogen. Die Ausrüstung eines französischen Infanteristen wog 34 kg. Zu ihr gehörten ein lederner Raupenhelm, eine Wollmütze, ein Uniformrock, Hosen, Wollstrümpfe, Gamaschen, Halbschuhe sowie ein Mantel. Ferner ein Gewehr, ein Bajonett, ein Säbel, eine Patronentasche mit Patronen, ein Tornister, ein Brotbeutel sowie eine Wasserflasche. Das Gewehr war mit einer Länge von 195 cm (bei aufgepflanztem Bajonett) größer als der Soldat. Wie man bei solch einem Gewicht noch kämpfen konnte, ist schwer vorstellbar. Wenigstens mit vollem Magen, ist zu hoffen. Napoleon soll gesagt haben, *»eine Armee marschiert auf* *ihrem Magen«*, denn er wusste, dass der Ausgang einer Schlacht von einer guten Verpflegung abhängt.

Für die preußische Armee waren zu jener Zeit für den einfachen Soldaten täglich 1,5 Pfund Brot vorgesehen. Es gab ein aus Bouillon, Kaffee oder einer Mehlsuppe bestehendes Frühstück und ein Mittagessen mit einem halben Pfund Fleisch und Gemüse. Der Proviant von Napoleons Truppen wurde da schon durch Konservenkost ergänzt. 1804 hatte der Sohn eines Weinhändlers aus der Champagne das Verfahren der Hitzesterilisation erfunden, was ihm neben einem hohen Preisgeld auch den Rang des kaiserlichen Leibkochs einbrachte. Naturalverpflegung (12/1941) ist der dafür gültige Terminus gewesen. In »Meyers Großem Konversationslexikon« von 1905 ist dazu vermerkt:

> *Naturalverpflegung: die den Truppen für Mann und Pferd verabfolgte Verpflegung an Nahrung- und Genussmitteln, beschafft vom Quartierwirt, durch von den Truppen oder der Militärverwaltung bewirkten Ankauf, durch Nachschub (s. Magazinverpflegung) oder im Notfall, besonders in Feindesland, durch Anforderung (Requisition). Die möglichst mannigfaltig zu haltenden Bestandteile der N. sind in der Felddienstordnung, der Friedens- und der Kriegsverpflegungsvorschrift genannt.*

Die meisten Innovationen, so heißt es oft, kamen in der Menschheitsgeschichte durch das Militär zustande. Ob Innovationsmotor oder nicht, beeindruckend ist auf jeden Fall, mit welcher Geschwindigkeit sich die Militärtechnik seit der zweiten Hälfte des 19. Jahrhunderts entwickelt hat. Auch dazu ein paar Beispiele: 1836 erhielt der amerikanische Oberst Samuel Colt ein Patent für den nach ihm benannten Revolver, 1858 erfand William Armstrong ein Hinterladergeschütz, das als Armstrongkanone (11/1934) Berühmtheit erlangte, 1860 erfand der preußische General von Neumann den Perkussionszünder für Hinterladergranaten und 1862 revolutionierte Alfred Krupp mit seinen Stahlgeschützen die Kanonentechnik und half dadurch 1864 zuerst den Deutsch-Dänischen Krieg und 1871 den Deutsch-Französischen Krieg zu gewinnen. Auch bei den Gewehren ging die Entwicklung voran. Vorderlader wurden durch Hinterlader ersetzt und Repetiergewehre setzten sich zunehmend durch. Alfred Nobel erfand 1867 das Dynamit, John I. Thornycroft 1872 das Torpedoboot und 1882 wurde das erste Unterseeboot zu Wasser gelassen. So ließe sich fortfahren und vor allem lässt sich so erklären, warum das Berdangewehr, das Lancastergewehr, das Peabodygewehr, das Remingtongewehr, das Riflegewehr sowie das Springfieldgewehr zunächst Einzug in den Duden hielten und in der 10. Auflage von 1929 dann alle wieder gestrichen wurden. Sie waren für eine bestimmte Zeit die Ordonnanzwaffen der unterschiedlichen Armeen und, egal, ob die preußischen, österreichischen, englischen, russischen oder französischen, alle Streitkräfte unternahmen erhebliche Anstrengungen, um waffentechnisch nicht ins Hintertreffen zu geraten. Und irgendwann waren auch diese Waffen wieder veraltet und wurden ausgetauscht. Aber wenn man sich, dessen ungeachtet, etwas genauer anschaut, welche Armee welche Waffen besaß, wird auch die Rolle der damals neu erstandenen Rüstungsindustrie sichtbar. Sie war auch zu dieser Zeit schon ein global agierender und bedeutender Wirtschaftszweig.

Die Entwicklungen riefen ein sehr unterschiedliches Echo hervor. Die Hinterladertechnik des preußischen Zündnadelgewehrs wurde nach dem Krieg 1866 euphorisch gefeiert: In der »Gartenlaube« hieß es, es sei »*Preussens militärischer Luther*«, und in der in Augsburg erscheinenden »Allgemeinen Zeitung« war zu lesen, die technischen Neuerungen seien der Startschuss für ein »*allgemeines Wettrennen nach der vollendetsten Mordwaffe, eine Preisbewerbung über ein vom Teufel ausgeschriebenes Thema, eine Weltausstellung von raffinierten Barbereien.*« Manche meinten, durch die abschreckende Wirkung, die die neue Kriegstechnik auslöste, einen zivilisatorischen Effekt zu erkennen, andere skizzierten Szenarien zukünftiger Vernichtungskriege, wo der Heldenmut des Einzelnen nichts mehr, das bessere Waffenarsenal alles zählte. Auch führten nun Nationalstaaten miteinander Krieg, die weltpolitische Lage hatte sich verändert und mit ihr die kriegerischen Auseinandersetzungen.

Einer der großen Militärexperten jener Tage war im Übrigen Friedrich Engels. Und ich könnte an dieser Stelle absätzelang aus einem 1861 in England verfassten Artikel zitieren, in dem er das Lancaster- mit dem Enfieldgewehr verglich. Es gibt überraschend viele Militärartikel von ihm. Wohl weil er sowohl praktische Wehrerfahrung gesammelt als auch Militärwesen studiert hatte, brachte ihm seine Obsession den Spitznamen »der General« ein.

Die eben erwähnten Gewehre werden in vielen Büchern Erwähnung gefunden haben. In belletristischen Werken ebenso wie in Sachbüchern oder Biografien, aber ich behaupte, keine Waffe wird im deutschsprachigen Raum ähnlich bekannt sein wie das Riflegewehr. Aber lesen Sie selbst:

> *Er hing sich eine leichte, doppelläufige Rifle um, und ich nahm das »alte Gun«, welches er nicht tragen wollte. Auf seinem Schießstande angekommen, lud er beide Gewehre und tat zunächst aus der Rifle selbst zwei Schüsse. Dann kam ich an die Reihe mit dem Bärentöter. Ich kannte dieses Gewehr noch nicht und traf infolgedessen beim ersten Schusse nur grad den Rand des Schwarzen in der Scheibe; der zweite Schuß saß besser; der dritte nahm die genaue Mitte des Schwarzen, und die nächsten Kugeln gingen alle durch das Loch, welches die dritte durchgeschlagen hatte. Das Erstaunen Henrys wuchs von Schuß zu*

*Schuß; ich mußte auch die Rifle probieren, und als
dies ganz denselben Erfolg hatte, rief er schließlich
aus:*

*»Entweder Ihr habt den Teufel, Sir, oder Ihr seid zum
Westmann rein geboren. So habe ich noch kein Green-
horn schießen sehen!«*

*Ich ahnte nicht, wie wichtig dieser Abend für mich
werden sollte, und ebensowenig kam es mir in den
Sinn, daß dieser schwere Bärentöter, den Henry ein
altes Gun nannte, und der noch unfertige Henrystutzen in meinem späteren Leben eine so große Rolle
spielen würden. Aber auf den nächsten Morgen freu-
te ich mich, denn ich hatte wirklich schon viel und gut
geschossen und war vollständig überzeugt, daß ich
vor den Augen meines alten, sonderbaren Freundes
gut bestehen würde.*

Sein legendäres Gewehr erhält Old Shatterhand in Winnetou II.
Anders als das von Benjamin Tyler Henry entwickelte Rifle- oder
Henrygewehr hatte sein Magazin, verbuchen wir es als dichteri-
sche Freiheit, eine Kapazität von sagenhaften 25 Schuss.

Der Bärentöter und der Henrystutzen stehen in einer Glasvitri-
ne des Karl-May-Museums im sächsischen Radebeul. Im Travée des
Heeresgeschichtlichen Museums in Wien wird eine andere Waffe
ausgestellt. Neben den übrigen Exponaten lässt sich die Browningpistole[1] (15/1961 West) beinahe übersehen. Dominiert wird der
Raum von einem Automobil und einer Chaiselongue.

---

1   Gab es bis einschließlich zur 14. Auflage (West) noch zwei Einträge, *Browning* und
Browningpistole, lautet der Eintrag seit der 15. Auflage (West) - und bis heute - nur noch
»Browning [nach dem amerikanischen Erfinder] (Schusswaffe)«. Im Ost-Duden war das
Kompositum *Browningpistole* dagegen bis zur letzten Auflage verzeichnet.

Die Pistole, eine belgische FN Browning Modell 1910 mit einem Kaliber von neun Millimetern und der Seriennummer 19074, ist jene Waffe, mit der am 28. Juni 1914 der österreichische Thronfolger Franz Ferdinand und seine Gattin Sophie von Hohenberg in Sarajevo erschossen wurden. Bei dem Automobil, in dem beide während des Attentats, verübt von dem 19-jährigen Gavrilo Princip, saßen, handelt es sich um einen Gräf & Stift Doppelphaeton Typ 28/32 PS. Der Thronfolger, so ist überliefert, habe sich an jenem Sommertag für den Wagen mit zurückklappbarem Verdeck entschieden, um an diesem sonnigen Morgen mehr Reisekomfort genießen zu können. Zur Auswahl hätte auch ein anderes Auto, ein geschlossener Mercedes, gestanden.

In einer Extraausgabe schrieb die »Wiener Neue Freie Presse«:

> *Ermordung des Thronfolgers Erzherzog Franz Ferdinand und seiner Gemahlin Herzogin von Hohenberg. Eine Nachricht ist heute aus Sarajevo eingetroffen, welche die ganze Monarchie auf das tiefste erschüttern wird. Das Kaiserhaus hat eine schreckliche Tragödie zu verzeichnen. Der Thronfolger Erzherzog Franz Ferdinand und seine Gemahlin Herzogin von Hohenberg sind heute in Sarajevo das Opfer eines Attentats geworden.*

Der Erste Weltkrieg begann genau einen Monat später mit der Kriegserklärung Österreich-Ungarns an Serbien.

Einen Weltkrieg später, inmitten des Kalten Krieges, betrat ein Kompositum die politische Bühne, das bis zum Erscheinen des Einheitsdudens nur im Leipziger Duden verzeichnet gewesen ist – von der 14. Auflage (1951) bis zur 18. Auflage (1985) – und dann gestrichen wurde: Friedenskämpfer (20/1991).

Im Mai 1949 gründete sich in Ostberlin das »Deutsche Komitee der Friedenskämpfer«, das später in den »Friedensrat der DDR« umbenannt wurde. Er war in der DDR das einflussreichste Gremium der staatlich gelenkten Friedensbewegung. Dass der Wortschöpfung *Friedenskämpfer* etwas Zweifelhaftes anhaftet, ahnt man, wenn man das Wort länger betrachtet, denn so recht mögen diese zwei Wortstämme nicht zusammenpassen. Dennoch, an den Weltfestspielen vom 5. bis 19. August 1951 in Ostberlin nahmen nach offiziellen Angaben zwei Millionen Jugendliche teil. Sie waren Teil einer »Friedenspropaganda«, denn jedes unredliche Kompositum zieht etliche nach sich, und irgendwie nutzte sich der *Friedenskämpfer* deshalb oder aus anderen Gründen mit der Zeit auch ab. Er trat zwar immer noch in Massen auf, aber das Wort höhlte sich von innen selbst aus, vielleicht weil irgendwann *»Mein Arbeitsplatz, mein Kampfplatz für den Frieden«* war, sich die »Freie Deutsche Jugend« nach wie vor und unaufhörlich *»zur Front der Friedenskämpfer«* bekannte, und laut und deutlich war auch ständig die *»Stimme der Sportler im Kampf für den Frieden«* zu vernehmen - aus Überzeugung oder weil das Staatsdoping die Stimmbänder so stählte. Jedenfalls verkam das Ganze immer mehr zu einer Kakofonie der Unaufrichtigkeit. Nicht, weil der Einzelne sich nicht vielleicht wirklich Frieden wünschte und die Verständigung der Völker, sondern weil Frieden und Freiheit, auch wenn es sich dabei nur um zwei eigenständige Substantive handelt, enger miteinander im Bunde stehen als ein hässliches, verlogenes Kompositum. Die Bürgerrechtsbewegung in der DDR rächte sich, das als Schlussbonmot, später mit einer artverwandten Wortprägung: Als Friedenspfarrer wurden die Kirchenmänner und -frauen tituliert, die mit der Stasi kollaborierten. Womit es zu einer Umdeutung eines bis dahin klar definierten Wortes kam, denn als *Friedenspfarrer* oder *Friedenspastor* wurden zuvor und bis in die jüngere Vergangenheit hinein Geistliche beider christlicher Konfessionen bezeichnet, die sich der Friedensbotschaft des Evangeliums verpflichtet fühlten und dies individuell oder in kirchlichen Organisationen wie dem »Friedensbund Deutscher Katholiken«, der »Christlichen Friedenskonferenz« oder der Bewegung »Pax Christi« kundtaten.

Eine Auswahl gestrichener Wörter

Auflage / Jahr		Auflage / Jahr	
10/1929	Berdangewehr	12/1941	Naturalverpflegung
10/1929	Fahnenschmied		*Truppenverpflegung*
	Hufschmied einer militä-	12/1941	Tankabwehr
	rischen Einheit		*Panzerabwehr*
10/1929	Falkaune *Kanone*, Fal-	12/1941	Tankschlacht
	konett *kleine Falkaune*		*Panzerschlacht*
10/1929	Lancastergewehr	12/1941	Torpedobootzerstörer
10/1929	Peabodygewehr		*Kriegsschiff zur Abwehr*
10/1929	Remingtongewehr		*von Torpedobooten*
10/1929	Riflegewehr	13/1947	Nachrichtentruppe
10/1929	Springfieldgewehr		*Fernmeldetruppe der*
11/1934	Armstrongkanone		*deutschen Streitkräfte in*
	Kanone mit Hinterladung		*Weimarer Republik und*
11/1934	Geschützpark		*Drittem Reich*
	Aufstellungsplatz der	13/1947	Nichtkombattant
	Geschütze		*von Kampfhandlungen*
11/1934	Naumachie *Seeschlacht*		*betroffener, aber nicht ak-*
11/1934	Notreifeprüfung		*tiv beteiligter Zivilist*
	erleichterte Abiturprü-	13/1947	S-Boot
	fung während des Ersten		*Schnellboot, kleines*
	und Zweiten Weltkriegs		*Kriegsschiff*

14/1954^W 14/1951° Nichtkrieg-
führung *ital. »non bel-*
ligeranza«: Bezeichnung
für die Neutralität des fa-
schistischen Italiens bei
Kriegsbeginn 1939

14/1954^W 14/1951° Nicias, Nikias
athenischer Feldherr

15/1961^W immer v.°* Browningpistole

16/1967^W 14/1951° Stürmung
Erstürmung

18/1980^W 14/1951° Nachschub-
einheit *Nachschubtruppe*

18/1980^W 14/1951° Nebeltruppe
für chemische Kriegsfüh-
rung zuständiger Teil des
NS-Heeres

19/1986^W 14/1951° Nahzünder

20/1991 Betriebskampfgruppe
DDR: bewaffnete Einheit
aus Betriebsangehörigen

20/1991 Friedenskämpfer *DDR:*
jemand, der im Friedens-
kampf aktiv ist

20/1991 Notbiwak
nächtliches Notlager
im Freien

25/2009 Walplatz
Kampfplatz, Schlachtfeld

26/2013 Füsillade[1]
standrechtliche Massen-
erschießung

26/2013 Werdaruf[2] *»Wer da?«;*
Ruf eines Militärpostens

1 Das zugehörige Verb *füsilieren* ist bis heute im Duden verzeichnet.
2 Der Ruf *Werda* ist bis heute im Duden verzeichnet.

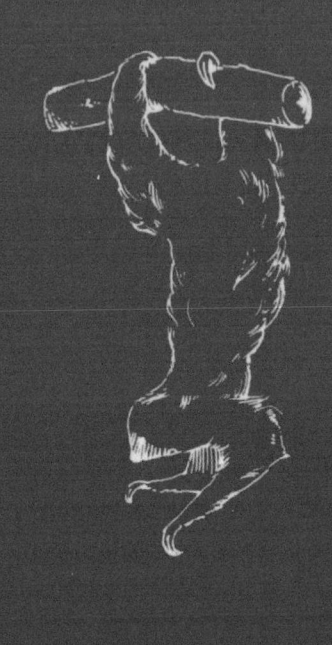

»Jedes Haus sollte ein Zimmer haben, um darin zu schimpfen«

Schimpfwörter

Arschmonarch, Affenschwanz, Bierlümmel, Bratwurstmaul, Breimemme, Cameelverschlucker, Deutscher Knollmichel, Donnerhagelskröte, Erzschweinigel, Hanswurstgesicht, Heulhure, Hosentrompeter, Insectenseele, Originalfaulthier, Pomadenhengst, Scheißenschlucker, Schlampampenmacher, Spitzbubenhergottsvater.

»*Ein* **Schimpfwort** *oder* **Scheltwort** *(wissenschaftlich auch: Maledictum, meist im Plural: Maledicta) ist ein Wort, das eine Person (seltener: ein Objekt) mit einer (stark) abwertenden Bedeutung (Pejorativ) besetzt und sie auf diese Weise beleidigt oder herabsetzt*« (https://de.wikipedia.org/wiki/Schimpfwort).

Die »*Malediktologie - Substantiv, feminin - Wissenschaft, Lehre von den Schimpfwörtern*« (https://www.duden.de/suchen/dudenonline/schimpfwort) wiederum ist der Zweig der Psycholinguistik, der sich mit Fluchen und Schimpfen beschäftigt. Als Gründer dieser Disziplin wird häufig der deutschstämmige und in Amerika lebende Philologe und Schimpfwortsammler Reinhold Aman genannt, der sie 1973 ins Leben gerufen haben soll. 1977 gründete er zudem eine Zeitschrift mit dem Namen »Maledicta«. Besucht man seine Internetseite und sieht sich seine biografische und bibliografische Selbstauskunft etwas näher an, kommt allerdings die Vermutung auf, dass er sich vor allem als Privatgelehrter mit diesem Forschungsgegenstand beschäftigt, denn seine offizielle Universitätskarriere endete bereits 1974. Das sagt nichts über die

Qualität seiner Forschung oder seiner Publikationen aus (darunter ein erfolgreiches bayerisch-österreichisches Schimpfwörterbuch), aber es erlaubt einerseits den Hinweis, dass die Malediktologie als wissenschaftliche Disziplin auf noch recht tönernen Füßchen steht und dass andererseits andere Menschen, wenn auch nicht unter diesem Begriff, vor ihm bereits auf diesem Felde forschten. So etwa ein gewisser F. Meinhardt, der 1839 den Band »Deutsches Schimpfwörterbuch oder die Schimpfwörter der Deutschen« herausgegeben hat. Seinem Werk habe ich die oben aufgeführten Beleidigungen entnommen und Meinhardt hat es nicht nur dabei belassen, Hunderte davon zusammenzutragen, er wusste auch viel über die Bedeutung von Schimpfwörtern zu sagen und gab seinen Lesern den schelmischen Rat, sich seine Sammlung nicht nur anzusehen, sondern sich durch sie einer Prüfung zu unterziehen.

Zum Behufe einer strengen Selbstprüfung und des genauen Sichselbstkennenlernens gehe man dieses Büchlein von A bis Z durch und lege sich bei jedem Wort einige Fragen vor, die man sich ganz offen beantworten muss; nämlich:

Bist du ein solcher, als das Wort bezeichnet?

Warum?

Welche Nachteile sind durch den Fehler, die Angewöhnung, für dich schon erwachsen? oder welche üblen Folgen können noch daraus entstehen?

Was musst du tun, um diesen bösen Folgen vorzubeugen?

Anhand eines nicht sehr reinlichen Barbiers, der zunächst ganz glücklich ist, weil keines der Wörter unter A auf ihn zuzutreffen scheint, zeichnet er nach, dass ein jeder früher oder später auf das zu ihm passende Wort stoßen wird. Im Falle des Barbiers ist es bereits beim B so weit. *Borg* heißt es, und weil er etwas Latein versteht, weiß er das Wort von *porcus* abzuleiten, und weil er darüber hinaus über genügend Bildung verfügt, ist ihm bewusst, dass bereits Cicero, Horaz und andere einen unreinlichen Menschen ein Schwein nannten. Das trifft den Barbier, denn ihm widerfährt am eigenen Leibe, was Meinhardt den Schimpfwörtern zuschreibt: Mit ihrem Gebrauch gegen andere tritt man der Ehre derselben zu nahe, gibt sie der Verachtung preis und kränkt sie zutiefst. Dennoch empfiehlt Meinhardt das Schimpfen geradezu uneingeschränkt, weil es 1. jedem das Herz erleichtert, 2. der Gesundheit zuträglich ist, 3. alles erleichtert und befördert, 4. das eigene Ansehen erhöht, 5. vor Feinden schützt und 6. so manchen Streit schlichtet. Allerdings, so gesteht Meinhardt ein, in der Praxis ist immer die richtige Dosis und die Wahl der Waffen das Entscheidende. Oder um es mit Mark Twain zu sagen: »*Jedes Haus sollte ein Zimmer haben, um darin zu schimpfen*«, aber man sollte nicht ständig die Fenster aufhaben, denn sonst kippt das Verbale schnell mal ins Handgreifliche um oder wird, auch das kommt ja vor, justiziabel. Und das kann kosten. Aber wie viel? Einen verlässlichen Schimpfwortbußkatalog gibt es nicht, aber etliche Urteile, die als Richtschnur dienen können. In Deutschland besonders beliebt und vergleichsweise teuer sind Beamtenbeleidigungen. Einen Polizisten oder eine Polizistin oder Politesse »blödes Schwein« zu nennen, kostet in etwa 450 Euro, der »Holzkopf« 750, der »Wichser« 1000, die »Schlampe« 1900, die »alte Sau« 2500 und der wortlos gestreckte Mittelfinger bis zu 4000 Euro. Deshalb Augen auf beim Poltern, Fluchen, Wüten, Zetern, Lästern, Schnauben, Donnern, Fauchen, Kläffen, Geifern, Zanken, Fertigmachen, Schelten, Schmähen, Schäumen, Meckern, Niedermachen. Und in Zeiten der politischen Korrektheit, das gilt es zusätzlich zu bedenken, ist die Gefahr auch jenseits der Beamtenbeleidigung mit Händen zu greifen. Jedes falsche Wort kann sanktioniert werden! Nein, nicht jedes, wie ein Beispiel aus Darmstadt zeigt. Eine ältere Frau hatte 1989 die Bundesrepublik verklagt, weil der Deutsche Wetterdienst den Begriff *Altweibersommer* verwendet hatte. Davon fühlte sie sich persönlich angegriffen. Die Klage der Dame scheiterte, weil die Personengruppe »ältere Frauen« zu unbestimmt sei und weil die Meteorologen außerdem in keiner Weise Seniorinnen mit der Verwendung des Begriffs hatten verunglimpfen wollen. Glück gehabt, aber wie beleidigt man diskriminierungsfrei? Geht das überhaupt? Ich bin auf einen Artikel in der »taz« aus dem Jahr 2014 gestoßen, in dem genau dieser Frage nachgegangen wurde. Auslöser für den Beitrag war ein Politiker der »Piratenpartei«, der sich mit dem Statement »*es sei in Ordnung, Nazis als Judenschweine zu bezeichnen, wenn man sie damit treffe*« in eine laufende Diskussion eingemischt hatte. Die Netzöffentlichkeit überzeugte ihn glücklicherweise schnell vom Gegenteil und er ruderte zurück. Aber zurück zur eigentlichen Frage. Die Redakteurin Svenja Bednarczyk schlug für das diskriminierungsfreie Beleidigen in ihrem Artikel Folgendes vor:

> **Ich-Aussagen:** *Nerv' mich nicht, mir wird übel, ich muss kotzen.*

> **Beleidigen mit Fäkalsprache:** *Du Stück Scheiße, Kot, Dreckhaufen.*

> **Dinge:** *Du Flasche, Eimer, Platte.*

> **In Richtung der Mächtigen beleidigen:** *Yuppie, Geldsack, Macker.*

Naja, denkt da der Schimpfwortliebhaber und Sprachtüftler: Und das ist alles? Bleiben wirklich nur die auf Fäkalien bezogenen und die aus dem Tierreich? *Ochse, Bock, Schlange, Ziege, Sau, Heringsnase* oder *dumme Sau?*

Auf reddit.com, einer viel besuchten Internetseite, diskutierten etliche Nutzer anonymisiert zum gleichen Thema. »Ich will beleidigen, aber politisch korrekt. Vorschläge?« Folgen wir eine Weile der dort geführten und für unsere Zwecke etwas gekürzten Diskussion:

Ich kann dir ein paar rechtssichere Beleidigungen nennen: Speckrolle, Klugscheißer, Psycho.

Antwort: *»Da läuft er, der Psycho« ist mittlerweile fest in meinem Büroalltag integriert. Wenn auch häufig nur in Gedanken und dann muss ich immer wie ein Klugscheißer lachen.*

Antwort: *»Klugscheißer« Ich fühle mich als Angehöriger einer intelektuellen Minderheit diskriminiert.*

Antwort: *Kann halt nich jeder so intellent sein.*

Ein weiterer Diskutant: *»Du Brot« läuft immer, und mein Favorit in letzter Zeit: »Samma, hast du Lack gesoffen?«*

Ein weiterer Diskutant: *Nutze normale Worte außerhalb der eigentlichen Bedeutung als Schimpfwort: du Lachs, du Pansen, du Lampe, du Stein!*

Einwand: *Du hast den Lauch vergessen, du Lappen.*

Antwort: *»Du Schwamm«. Hast du Sexist eben behauptet ich sei fett?*

Antwort: *Nö, du bist nur so widerlich dass alles Waschen nichts bringt.*

Antwort: *Ganz zu schweigen von den kognitiven Fähigkeiten eines Schwammes.*

Ein weiterer Diskutant: *Besser: Sie erreichen olfaktorisch die Stratosphäre, sie Lelek.*

Antwort: *Das geht noch euphemistischer: Ich spüre ein olfaktorisches Kitzeln in Ihrer Gegenwart*

Frage: *Ist »Lappen« nicht rassistisch?*

Antwort: *Lappen im Sinne des Putzlappens. Das Volk oben im Norden Europas heißt schon seit längerem anders.*

Antwort: *Du blöder Samen.*

Ein weiterer Diskutant: *Eimer funktioniert auch immer sehr gut, du Eimer!*

Oder: *Du Mülleimer! (Zitat entnommen dem mitgehörten Streit einer ehemaligen Nachbarin mit ihrem damaligen Lebensabschnittsgefährten, original nur mit polnischem Akzent)*

Antwort: *Volleimer! auch immer gern gehört.*

Ein weiterer Diskutant: *Ist Mayonnaise auch eine Beleidigung?*

Antwort: *Nein ein Instrument, du Tamburin.*

Auch der Kulturpessimist (ACHTUNG: SATIRE!) muss einsehen, das Schimpfen wird nicht aussterben. Und das, obwohl die Reservate des gerade noch Erlaubten kleiner und die Zeiten natürlich nicht besser werden. Aber trägt der Duden daran eine Mitschuld? Ist die Aufnahme von Wörtern wie *Hurensohn* oder *Arschloch* nicht ein bisschen wenig? Sind die Kriterien »Verbreitung« und »Gebräuchlichkeit« die richtigen? Müssen die aufzunehmenden Schimpfwörter zwingend mehrfach in einem Textkorpus der Gegenwartssprache auftauchen, um erwählt zu werden? Reicht es wirklich, wenn stattdessen im Dudenverlag auf die Eigenproduktionen wie »Von Arschgeige bis Wuchtbrumme – Die 333 lustigsten Schimpfwörter« oder »Sie Vollpfosten! Gepflegte Beleidigungen für jeden und jede« hingewiesen wird? Ist das nicht nur ein schnödes Feigenblatt? Insbesondere vor dem Hintergrund, dass sogar Schimpfwörter gestrichen worden sind. Und zwar so schöne wie: *Tellerlecker, Zärtling, Buschklepper, Sackermenter* bzw. *Sappermenter.*

Wenden wir uns ihnen wenigstens in einem kurzen Nachruf zu:
Tellerlecker (16/1967 West, 14/1951 Ost): Johann Christoph Adelungs »Grammatisch-kritisches Wörterbuch der Hochdeutschen Mundart« weiß zu berichten: »**Der Têllerlêcker**, des -s, *plur. ut nom. sing.* Fämin. die Tellerleckerinn, ein Schmarotzer, welcher durch niedrige Schmeicheleyen von den Tellern eines andern lebt, einem andern um einer Mahlzeit willen niedrig schmeichelt; Ital. *Lecca-pianti.* Nieders. Pannlicker. Der alles sucht und wählt, was Tellerlecker ätzet, Hag.«

Das Deutsche Sprichwörter-Lexikon zitiert eine 1688 erschienene satirische Schrift mit dem Titel »Grobianus und Grobiana«, in der dem *Tellerlecker* folgende Anweisung gegeben wird:

> *Wenn es gegen Mittag kommt, so frage mit Fleiss, wo gut Essen und Trinken, oder aber, wo ein Convivium sei, da schleiche hin, obgleich man dich dahin nicht geladen hat; denn man bittet die Hunde auch nicht, sie kommen gleichwol hin. Suche dir auch daselbst die beste Stelle aus, dass du dich mit dem Rücken frei kannst anlehnen; denn in dem Winkel kann man nicht so leicht aus der Zeche fallen. Wenn nun Essen wird aufgetragen, wie man gemeiniglich zuerst pflegt frische gesottene Eier aufzusetzen, so nimm nur eine halbe Mandel für dich, denn sie sind bald eingeschluckt. Goethe reimte: »Der wahre Schmecker, Der Tellerlecker, Er riecht den Braten, Er ahnet Fische; Das regt zu Taten, An Gönners Tische.«*

Und Karl Krauss schrieb über ihn in der »Fackel«:

*»Gewiß ist es schön, noch ein **Tellerlecker** zu sein, wenns nichts mehr zu lecken gibt, wiewohl sich ein solcher schon durch die Hoffnung entschädigt, daß es wieder einmal was geben werde.«*

Der Tellerlecker ist keineswegs ausgestorben. Als Schmarotzer begeht er weiterhin Mundraub aller Art, ihn nicht zu schelten, gibt es keinen Grund.

Zärtling (16/1967 West, 14/1951 Ost): »Der **Braungrüne Zärtling** (*Entoloma incanum*, Syn.: *Leptonia euchlora* und *L. incana, Rhodophyllus euchlorus* und *R. incanus*) ist eine Pilzart aus der Familie der Rötlingsverwandten« (https://de.wikipedia.org/wiki/Braungrüner_Zärtling). Aber natürlich nicht nur. Der *Zärtling,* auch *Jämmerling, Feigling, Hampelmann, Jammerlappen, Muttersöhnchen, Kartoffelheld, Schlappschwanz, Weichling.*

J. H. Voss wusste: »*frühzeitig welket und erschlaft der zärtling und der prasser!*« Und Klopstock fragt: »*wecket dich der silberne reif des decembers, o du zärtling! nicht auf?*« Und Jean Paul sieht in ihnen die, »*die es sich behaglich vorstellen, von ihm (dem Schnee) zugedeckt, ... müde einzuschlafen*«. Noch Fragen?

Zum Buschklepper (26/2013) ist im »Deutschen Wörterbuch« der Brüder Grimm unter anderem vermerkt:

> *m. latro silvas obsidens, strauchdieb, weil räuber und spitzbuben sich in den büschen bergen oder, den vogelstellern und jägern ähnlich, auf den busch klopfen, sp. 558. hiernach scheint auch der name zu deuten, aus buschklopfer, buschklöpfer, verderbt in buschklepper. es gibt eine schrift Flemings vom klopfjagen, woraus erhellt, dasz die treiber mit stecken an die büsche klopfen, das wildbret sachte klopfen und treiben, baculis compellere feras latentes; es soll auch keiner in wälden das wild zehmen oder kirre machen, welches klopfen genennet wird, bei verlust der waare, pferde und wagen. Sigismund preusz. const. a. 1538 §. 22.*

> *Doch läszt sich auch eine andre ableitung hören. nd. ist kleppen hurtig laufen, nakleppen nacheilen, wegkleppen schnell fortlaufen, nnl. kleppen, klappen ist klappern und ein schnell fortlaufen - des pferd klappt mit dem huf, ein schnelles reitpferd heiszt reitklepper, postklepper, dän. klepper, kleppert, isl. klepphestr, böhm. kleprljk, kleperljk sonipes, tolutarius, russ. kleper. ebenso könnte der buschklepper davon benannt sein, dasz er durch busch und wald rennt, kleppern und klappen aber mit klopfen selbst in berührung stehn. s. buschreiter.*

Sackermenter/Sappermenter (14/1954 West, 18/1985 Ost): *sapperment, sackerment*, entstellt aus dem (als Fluch gebrauchten) *Sakrament* und gleichbedeutend mit *sapperlot* und *sackerlot* - diese veralteten Interjektionen finden sich noch heute im Duden. Gestrichen dagegen sind die zugehörigen Substantive *Sackermenter* und *Sappermenter*. »*Siehst Du **Sappermenter**, was für ein Sünder Du bist?*‹ sagte Pineiß, ›*und wie wohl Du Deinen Tod verdienst?*‹«, schreibt Gottfried Keller in »Die Leute von Seldwyla«, und das Oberlausitzer Wörterbuch erklärt: »**Sappermenter:** m. dass. wie *Sakermenter*. **Sakermenter:** m. veralt. ›Sakramenter‹: harmloses Schimpfwort für ›Lausbuben‹, das auch Anerkennung ausdrückt; *Kreizsakermenter* (abfällig), *Tausendsakermenter* (anerkennend). Lautf.: *Sakerment, Sakramenter.*« Und das »Wörterbuch der Deutschen Umgangssprache« notiert: »Sappermenter *(m),* verschlagener Mann. Seit dem 19. Jh.«

»Kein Trinkgeld, bediene Dich selbst, zwanglos, rasch und gut« Automatenrestaurant

Gestrichene Wörter, die später wieder aufgenommen wurden

Unter den zahlreichen Nachschlagewerken, die den Wortschatz der deutschen Sprache versammeln, gibt es ein noch unvollendetes, das alle übrigen in den Schatten stellt. Es ist das vor über siebzig Jahren von der Deutschen Akademie der Wissenschaften zu Berlin begründete Goethe-Wörterbuch, das heute von Berlin, Leipzig, Göttingen und Hamburg aus stetig weiter bearbeitet wird und dessen Ziel es ist, alle von Goethe benutzten Wörter zu erklären und mit Belegzitaten zu versehen.

Ein Genie-Wörterbuch auch deshalb, weil Johann Wolfgang von Goethe nicht nur weitaus besser mit der Sprache umzugehen vermochte als der Durchschnittsdeutsche, er verfügte auch über einen aktiven Sprachschatz, der sechsmal größer gewesen ist als der unsrige. 93.000 Wörter von *aalgleich* bis *Maikäferanatomie* gingen ihm beim Schreiben und Denken durch den Kopf sowie zahlreiche bisher unverzettelte, denn bis anhin ist man in Berlin erst bei den Buchstaben U und V angelangt.

Eines der von ihm verwendeten Wörter war ein zu seinen Lebzeiten modisches und aus dem Altgriechischen entliehenes: *der Automat* (autómatos), womit eine »aus eigenem Antrieb handelnde« Maschine benannt wurde und immer noch wird. Eines der beiden im Goethe-Wörterbuch dazu aufgeführten Belegzitate lautet:

> *[Besuch bei Beireis in Helmstedt] Gar manches ... war in den jämmerlichsten Umständen;*

die Vaucansonischen Automaten fanden wir
durchaus paralysirt. In einem alten Garten-
hause saß der Flötenspieler ... aber er flötete
nicht mehr, und Beireis zeigte die ursprüngli-
che Walze vor ... Die Ente, unbefiedert, stand als
Gerippe da, fraß den Haber noch ganz munter,
verdaute jedoch nicht mehr ...

Gemeint sind die berühmten Automaten oder Androiden von
Jacques de Vaucanson (1709-1782). Der »Flötenspieler« stellte
einen lebensgroßen, mit Trommel und Flöte ausgestatteten Schä-
fer dar, der, Arme und Hände bewegend, über ein Repertoire von
zwölf Liedern verfügte.

Noch beeindruckender war »Die verdauende Ente«. Sie konnte
mit den Flügeln schlagen, quaken, Wasser trinken, fressen und
verdauen. Die Mechanik dieses Meisterwerks bestand aus Hunder-
ten Einzelteilen und war nicht nur ein Höhepunkt der damaligen
Automatenbaukunst, so manchem Zeitgenossen schien sie darüber hinaus ein Meilenstein auf dem Weg hin zur Erschaffung des
künstlichen Menschen zu sein.

Die in der Sammlung des Arztes und Naturwissenschaftlers
Gottfried Christoph Beireis befindlichen Exponate waren, wie wir
bei Goethe lesen, in einem bedauernswerten Zustand, was wohl
nicht für alle Ausstellungsstücke der Beireis'schen Wunderkam-
mer, die unter anderem auch die Magdeburger Halbkugeln und
Werke Peter Paul Rubens beinhaltete, galt, denn Goethe zeigte sich
ansonsten von seinem 1805 gemeinsam mit seinem Sohn in Helm-
stedt absolvierten Besuch beeindruckt.

Weltweit ist kein einziges Original von Vaucansons Automaten
erhalten geblieben. Ein Schicksal, das innerhalb der Technikgeschichte nicht unüblich ist, denn die Innovationen von gestern
sind der Elektroschrott von heute und zumeist vergehen Jahrzehn-
te, bis die wenigen Gerätschaften, die diesem schnöden Tod zu

entgehen vermögen, in Museen ausgestellt oder von Sammlern begehrt werden.

Ähnlich verhält es sich mit den Wortprägungen, die diese technischen Entwicklungen begleiten. Am Anfang steht zumeist eine erste Nennung in einem wissenschaftlichen Fachblatt, aber hat ein bestimmter Prototyp oder eine bestimmte Technik die Marktreife erreicht, beginnt die Veralltäglichung des Terminus, er taucht auf im »Universallexikon für Jedermann« und in den Verkaufsprospekten der Einzelhändler und Grossisten. Oft folgt nach einem kurzen Höhenflug ein jäher Sturz. Und mit derselben Geschwindigkeit, mit der ein Gerät oder eine Technik an Bedeutung verliert, schleicht sie sich Stück für Stück auch aus der Alltagssprache und wird schließlich sogar aus dem Duden gestrichen.

Bedeutungsverlust = Wortverlust, so einfach sind die Regeln, aber mitunter werden die so Geschmähten unsterblich, schreiben sich andernorts beinahe unbemerkt, aber dauerhaft ein und werden womöglich Teil des kollektiven und kulturellen Gedächtnisses.

Ein zu Unrecht - zeitweise - aus dem Duden getilgtes Wort ist, um nun endlich den Bogen zu schlagen, das Automatenrestaurant (auch: *Automaten-Buffett*). Erstmals in den Duden Einzug gehalten hatte es 1941, in der 12. Auflage. Die Weiteraufnahme wurde ihm 1961, in der 15. Auflage des Mannheimer Dudens, verweigert; erst 1973, in der 17. Auflage, war es dort wieder enthalten.

Dabei ist das Automatenrestaurant nicht nur eine ureigen deutsche Erfindung, es war auch ein gesamtdeutsches Phänomen und in Westdeutschland ebenso populär wie im Osten. So wurde das Wort erwartungsgemäß auch im Ost-Duden weitergeführt, mit Ausnahme der 14. Auflage von 1951, die aber - wie schon mehrfach erwähnt - eine Ausnahme darstellt, weil ihre Stichwortanzahl nahezu halbiert war. Während man sich in der Bundesrepublik vor allem anschickte, die Autobahnraststätten zu automatisieren, gab die SED 1956 für den nächsten Fünfjahresplan die Direktive »Modernisierung, Mechanisierung und Automatisierung« aus.

Und so entstand nicht nur ein beliebtes Automatenrestaurant am Alexanderplatz, sondern 1961 ein weiteres in Berlin-Pankow mit 300 Automatenfenstern, über das es in einem Artikel des »Hamburger Abendblatts« süffisant hieß: »*Die Fächer können jedoch von den Gästen nicht geöffnet werden, weil die Klappen zu heiß sind: Die Planer haben vergessen, ein Kühlsystem einzubauen.*«

Dieses Missgeschick unterlief den Erfindern des ersten Automaten-Buffets nicht. 1896 gründeten der Schokoladenfabrikant Ludwig Stollwerck sowie die Unternehmer und Erfinder Max Sielaff und Theodor Bergmann die »Deutsche Automaten Gesellschaft« und präsentierten auf der Internationalen Gewerbeausstellung in Berlin ein »electrisch-automatisches Restaurant«. Gezeigt wurden die vielseitigen Anwendungen der »selbstthätigen Verkaufsapparate«. Es gab Bier für zehn Pfennige und warmes Essen, das man nach Einwurf der passenden Münzen den gekühlten oder warmen Fächern entnehmen konnte. Dazu spielte eine vollautomatische Hauskapelle. Das Publikum war begeistert und bereits im November desselben Jahres begann unter dem Slogan »*Kein Trinkgeld, bediene Dich selbst, zwanglos, rasch und gut*« der Siegeszug der Automatenrestaurants in Deutschland und Österreich. »Imperial-Automat«, »Residenz-« oder »Palast-Automat«; in fast allen größeren Städten eröffnen kellnerlose Restaurants und im Jahr 1902 wird die Idee in die USA exportiert. Zu Spitzenzeiten betreibt der dortige Marktführer Horn & Hardart ca. 180 Filialen im ganzen Land und steigt zur weltgrößten Restaurantkette auf.

Wie angetan die Menschen von den neuen Tempeln des schnellen Essens sind, illustriert die Eröffnung des »Triumph-Automat« 1904 in Halle, über die die »Saale Zeitung« schrieb:

Jeder Fachmann und Laie wird weiter von der Pracht und sauberen Arbeit an dem Holzwerk, echt Mahagoni, entzückt sein, welches den zahlreichen krystallklaren Facettenspiegeln und dem reizenden

Glasmosaik ein wirkungsvolles Relief verleiht. Ein
solcher Aufbau, der noch durch Automaten geho-
ben wird, die wie reines Silber blinken, kann sich
natürlich nur auf einem gleichwertigen Sockel er-
heben und dieser ist in der Tat aus rotem und ala-
basterweißem Marmor von erlesener Schönheit
hergestellt.

Natürlich schwelgten nicht alle Etablissements in dieser Pracht,
mit der Zeit werden die Interieure schlichter, denn der Geschmack
ändert sich und die Maximierung der Verköstigung soll schließlich
auch Rendite abwerfen.

Doch sprießen die Gewinne vor allem in Deutschland nur bis
zur Weltwirtschaftskrise, die Inflation führt nicht nur zur Verar-
mung der Massen, die Automatentechnik hat der permanenten
Geldentwertung schlicht nichts entgegenzusetzen. Weder können
die Münzschlitze mit Scheinen gefüttert noch täglich die Preise
umgestellt werden und dann versetzt 1934 das »Warenautomaten-
gesetz« der Nationalsozialisten den Automatenrestaurants den
Todesstoß und verbietet sie.

Aber die Zeit reicht aus, um das Automatenrestaurant zu einem
Ort der Populär- und Hochkultur zu machen. In Literatur, Mu-
sik, Film und Kunst wird es zum Gegenstand und Schauplatz der
Handlung.

Es taucht auf in der Großstadtliteratur der Weimarer Zeit und
hat unter anderem Auftritte in Elias Canettis Roman »Die Blen-
dung«, in Irmgard Keuns »Kunstseidenem Mädchen«, in Hugo Balls
»Flagranti«, bei Karl Kraus, Anton Kuh oder Walter Benjamin.

Jenseits des Atlantiks ist es nicht anders, zitiert sei hier stellver-
tretend aus Mario Puzos »Der Pate«:

Grizz war, nachdem sie das Foyer verlassen hatten, in
einem Automatenbuffet verschwunden und tauchte jetzt

mit Kaffee wieder auf, den er Nicky und Tomasino reichte.
»Hast du in meinen drei Zucker getan?«, fragte Tomasino.
»Ich hab's der Mieze gesagt.« Tomasino nickte und schloss
die Hände um seinen Kaffeebecher, …

Für die Genreliteratur und den -film ist das Automatenrestaurant ein idealer Ort. Es ist anonym, klassenlos und kalt. Hier kommt der Gesetzlose auf seiner Flucht kurz zur Ruhe, neue Verbrechen werden bei einem Becher Kaffee geplant oder ein ins Wanken geratener Mittelständler begegnet hier den zwielichtigen Personen, die ihn endgültig ins Unglück stürzen werden.

Andererseits ist es einfach nur ein Ort, der, egal wie ufohaft er bei seiner Eröffnung den Zeitgenossen in ihrer Stadt auch vorgekommen sein mag, von den Menschen angenommen und mit Leben gefüllt wird.

Aufschlussreich ist in diesem Zusammenhang auch hier einerseits der kenntnisreiche Blick auf eine bayerische sowie andererseits eine amerikanische Variante des Automatenrestaurants. Der erste stammt von Karl Valentin, der zweite von Jean-Paul Sartre.

1898 eröffnete ein gewisser Strebl, der jedoch
im Volksmund nur unter seinem Lieblings-
ausdruck »da feit si nix« bekannt war, Mün-
chens erstes Automatenrestaurant. Nach der
Losung, ›bediene dich selbst‹ konnte man für
zehn Pfennige allerlei Leckerbissen haben.
Aber nicht nur für leibliche, sondern auch
für musikalische Genüsse war gesorgt. Im
Nebenzimmer gab es etwa zwanzig verschie-
dene Musikautomaten, Orchestrions, Spiel-
dosen, elektrische Klaviere und dergleichen.
Ihre Neuheit gab allen diesen Herrlichkeiten
einen ganz besonderen Reiz. Wir Jünglinge

*konnten die Sonntage kaum erwarten und
unser nächstes Rendezvous im Automatenrestaurant. Mein Haupttrick war, jedesmal ein
Zehnerl in das elektrische Klavier einzuwer-
fen, wenn ein anderer Gast eine andere Musik spielen lassen wollte, sodaß es immer zu
greulichen Dissonanzen kam und der erwar-
tete Kunstgenuß empfindlich gestört wurde.*

Seine Liebe für das Automatenrestaurant verewigte Valentin auch
in dem Couplet »Das Vorstadtkind«:

*Erst kürzlich war ich mit der Maid
In einem Automat,
Ich hab zehn Quartel Bier nag stemmt
Und sie zehn Schokolad.
Hierauf is oana kemma,
I hab ihn nicht gekannt,
Der wollte es riskieren,
Die Braut mir zu entführen,
I hab's halt grad no g'spannt ...*

So klingt das in München. In der Weltmetropole New York ist es
ein anderer Sound. Bebop ist die Musik der Stunde, die Jean-Paul
Sartre den Europäern in einem Essay, der 1949 auch im »Spiegel«
erschien, näherbringen wollte:

*Das flüstert nicht von Liebe, das spendet keinen Trost. Das
drängt. Wie die Leute, die zur Untergrundbahn stürzen
oder im Automatenrestaurant essen ... Sie wollen Dich
nicht einlullen, sie wollen Dich packen. Kolbenstangen,
Kurbelwellen, Kreissägen. Sie stoßen, rotieren, knirschen:
so entsteht der Rhythmus.*

Doch bei Horn & Hardart geht es vor allem tagsüber um die Massenabfertigung kleiner Angestellter und in Amerika gestrandeter Menschen aus aller Welt. In einer 1932 im Dietz Verlag erschienenen Reportage schilderte die österreichisch-ungarische Autorin Maria Leitner die Szenerie:

> *Die ganze Straße strömt in das Automatenrestaurant hinein, von früh morgens bis spät in die Nacht. Aber hier wird nicht zum Vergnügen gegessen. Hier essen die Roboter, Deutsche, Amerikaner, Juden, Chinesen, Ungarn, Italiener, Neger.*

> *Jede Rasse ist vertreten. Man hört alle Sprachen der Welt, es bleiben Zeitungen liegen mit hebräischen und chinesischen, mit armenischen und griechischen Zeichen und in exotischen Sprachen, die man gar nicht erraten kann. Man wird durch unverfälschte sächsische und bayerische Dialekte überrascht, und man sieht Leute Tee schlürfen, wie nur russische Bauern ihren Tee trinken.*

> *Und doch sind sie sich alle so ähnlich, wie zwei Brüder sich ähnlich sein können. Sie tragen alle die gleichen billigen Kleider, die gleichen Hemden, die gleichen Ausverkaufsschuhe, sie essen alle jeden Tag die gleiche Tomatensuppe, die gleichen Sandwiches: Schinken mit Salat, Ei mit Salat, Käse mit Salat, Sardinen mit Salat, sie verdienen den gleichen Wochenlohn, sie arbeiten alle gleich schwer, gleich lang.*

> *Die Roboter essen meist stehend, oder sie sitzen nur gerade so lange, bis sie die nötigen Kalorien*

und Vitaminmengen zur Instandhaltung der Maschine zu sich genommen haben.

Sie werden von klein auf zu dem Tempo erzogen, das sie, wenn sie in dieser Welt vorwärtskommen wollen, einhalten müssen.

»Hurry up« (schnell, schnell), mahnen die sorgfältigen Eltern ihre Kinder, die Kuchen essen und Milch trinken.

Die halberwachsenen Roboter sorgen schon selbst für sich. Sie tragen Western-Union-Uniformen oder die von Banken, Kaufhäusern, Hotels. Oft stehen sie lange vor den Automaten. Wozu sollen sie sich entschließen: Milchspeise oder Eiscreme? Meist siegt doch die Liebe über den Verstand. Sie essen Eiscreme.

Das Automatenrestaurant ist also auch ein Ort der Tristesse und Symbol für die Anonymität und Kälte der modernen amerikanischen Massengesellschaft. Wenn es dunkel wird, spät abends, ändert sich die Atmosphäre. Es wird leerer und vielleicht sitzt irgendwann eine mit einem grünen Mantel und mit einem beigen Hut bekleidete junge Frau alleine an einem der runden Tische. Mit einer Hand umfasst sie den Henkel der Kaffeetasse, die andere steckt noch in einem Handschuh. Ihren Blick hält sie gesenkt, sie wirkt wie eingefroren. Wo kommt sie her? Was hat sie vor? Wird sie alleine bleiben oder erwartet sie jemanden?

Edward Hopper hat diesen Moment 1927 in dem Gemälde »Automat« eingefangen. Es gehört, neben »Nighthawks«, zu einem seiner bedeutendsten Werke und hat unseren Blick auf den »American Way of Life« maßgeblich mitgeprägt. Der leise Schauer, den

er vielleicht mit der gezeigten Einsamkeit des modernen Groß-
stadtmenschen darstellen wollte, ist verflogen, fast romantisch ist
der Blick, den wir heute darauf werfen. Zu sehr sind wir gefangen
von der Ästhetik der Melancholie.

All dies mag sich noch nicht erschlossen haben, als das Automatenrestaurant für zwölf Jahre aus dem Duden gestrichen wurde.
Selbst in den USA schloss das letzte Automatenrestaurant im Jahr
1991 die Pforten. Die Fast-Food-Ketten neuen Typs übernahmen
die Herrschaft. Mir scheint es jedoch angemessen, ihm durchaus nachzutrauern und eine Ode anzustimmen, die man ebenso
für andere zeitweise gestrichene Wörter wie die Filmdiva (1934),
den Esperantist (1961) oder den Nörgelfritz (1951) singen könnte. Auch für sie ließe sich ein ebenso buntes wie melancholisches
Welttheater entwerfen.

Die folgenden Wörter gehören zu denen, die nur zeitweise aus dem
Duden verschwunden waren, heute aber wieder enthalten sind.
Die Gründe sind oft unklar. Die Auflagen, aus denen sie zuletzt ge-
strichen wurden, werden mit einem Kreuz (×) gekennzeichnet, die
Auflagen, in die sie wieder Eingang fanden, mit einem Haken (√).

Gestrichene Wörter, die später wieder aufgenommen wurden

10/1929$^{×}$ 12/1941$^{√}$ 14/1954$^{w×}$ 18/1980$^{w√}$ nie v.° Gymkhana *Geschick-lichkeitswettbewerb nach indischem Vorbild, be-sonders für Leichtathle-ten, Reiter, Wassersport-ler, Kraftwagenfahrer*	12/1941$^{×}$ 20/1991$^{√}$ Eierpunsch
	12/1941$^{×}$ 16/1967$^{w√}$ nie v.° Streikrecht
10/1929$^{×}$ 16/1967$^{w√}$ nie v.° Martingal[e] *zwischen den Vorderbeinen des Pferdes durchlaufender Sprungzügel*	15/1961$^{w×}$ 17/1973$^{w√}$ immer v.°* Automatenrestaurant *Restaurant mit Selbstbe-dienung an Automaten*
10/1929$^{×}$ 17/1973$^{w√}$ nie v.° Nationalcharakter *den Angehörigen einer Nation zugeschriebener besonderer Charakter*	15/1961$^{w×}$ 17/1973$^{w√}$ immer v.°' Esperantist *Kenner, Anhänger des Esperanto*
11/1934$^{×}$ 17/1973$^{w√}$ nie v.° Filmdiva	15/1961$^{w×}$ 17/1973$^{w√}$ 16/1967$^{°×}$ Umschuldung *Anleihen, Kredite o. Ä. umwandeln, besonders durch günstigere Kredite ablösen*
11/1934$^{×}$ 23/2004$^{√}$ Greenback *US-Dollar*	19/1986$^{w×}$ 25/2009$^{√}$ nie v.° Aufklärungsarbeit *das tätige Bemühen um Aufklärung*
11/1934$^{×}$ 15/1961$^{w√}$ 18/1985$^{°√}$ Lobby *Wandelhalle; auch für: Gesamtheit der Lobbyisten*	19/1986$^{w×}$ 26/2013$^{√}$ nie v.° Nahrungsverweige-rung *Verweigerung der Nahrungsaufnahme*

Auswahl wissenschaftlicher Literatur

Braun, Peter (1993): *Tendenzen in der deutschen Gegenwartssprache. Sprachvarietäten. 3. Auflage. Stuttgart et al.: Kohlhammer.*

Busse, Ulrich (1993): *Anglizismen im Duden. Eine Untersuchung zur Darstellung englischen Wortguts in den Ausgaben des Rechtschreibdudens von 1880-1986.* Tübingen: Niemeyer.

Müller, Senya (1994): *Sprachwörterbücher im Nationalsozialismus. Die ideologische Beeinflussung von Duden, Sprach-Brockhaus und anderen Nachschlagewerken während des »Dritten Reichs«.* Stuttgart: M&P.

Polenz, Peter von (1999): *Deutsche Sprachgeschichte vom Spätmittelalter bis zur Gegenwart. Band III: 19. und 20. Jahrhundert.* Berlin et al.: de Gruyter.

Sauer, Wolfgang Werner (1988): *Der »Duden«. Geschichte und Aktualität eines »Volkswörterbuchs«.* Stuttgart: Metzler.

Sauer, Wolfgang Werner (1989): *Der Duden im »Dritten Reich«.* In: Konrad Ehlich (Hg.), *Sprache im Faschismus.* Frankfurt: Suhrkamp, 104-110.

Schaeder, Burkhard (1994): *Wir sind ein Wörterbuch! - Wir sind das Wörterbuch! Duden-Ost + Duden-West = Einheitsduden? Zum Erscheinen der 20. Auflage DUDEN Die deutsche Rechtschreibung.* In: *Zeitschrift für Germanistische Linguistik* 22, 58-86.

Schmidt, Günter Dietrich (1982): *Paläologismen. Zur Behandlung veralteten Wortguts in der Lexikographie.* In: *Deutsche Sprache* 10, 193-212.

Schöneck, Werner A. (2001): *Das Wörterbuch - ein Spiegel der Zeit?! Soziokulturelle Implikationen, politisch-ideologische Perspektiven und Reflexe der Sprachveränderung in lexikographischen Beständen, Beschreibungen und Strukturen.* In: *ELiSe*, H. 1.1, 1-296.

Bildnachweis

Sämtliche Illustrationen stammen aus der 2. Auflage des Duden-Bildwörterbuchs (Dudenband 3) aus dem Jahr 1958.